Edelgard Vietor

Schuld und Sünde
Erkennen – verwandeln – verzeihen

Edelgard Vietor

Schuld und Sünde

Erkennen – verwandeln – verzeihen

 Verlag Urachhaus

ISBN 3-8521-7375-5

Erschienen 2002 im Verlag Urachhaus
© 2002 Verlag Freies Geistesleben & Urachhaus GmbH, Stuttgart
Abbildungen Seite 23, 27, 34, 41, 74 und 75 © AKG, Berlin
Umschlagbild: Dante Gabriel Rossetti, Proserpine (Ausschnitt), 1877
© AKG, Berlin
Druck: Offizin Chr. Scheufele, Stuttgart

Inhalt

Vorwort

Wer heute von Sünde spricht, wird meist als altmodisch belächelt. Das Wort ist aus dem täglichen Sprachgebrauch so gut wie gestrichen, was darauf hinweist, dass die Menschen nicht mehr mit einem Sündenbewusstsein umgehen können. Macht sich jemand durch eine schlechte Tat schuldig, sagen wir heute nicht, dass er sündig sei. Vielmehr wird versucht, sein Verhalten aus seiner Biografie zu erklären, zum Beispiel aus Erlebnissen in seiner Kindheit, die bestimmte Aggressionen auslösen. Oder man fragt, ob der Betreffende zu dem Zeitpunkt der Tat voll verantwortlich gehandelt habe. Verfehlungen werden psychologisch beurteilt, aus der jeweiligen Situation heraus. Diese Sicht hat durchaus ihre Berechtigung – bleibt sie aber einseitig, schiebt man alle Schuld auf die Umstände und der Mensch ist nicht mehr für sein eigenes Handeln verantwortlich.

Das ist heute der Gegenpol zu einem zu starken Sündenbewusstsein, das die Kirchen in früheren Zeiten betont haben, in dem jegliches Abweichen von göttlichen Geboten als Sünde bezeichnet wurde. Es galt die Tat, unabhängig vom Zustand des Täters. Die Menschen sollten ihre Unzulänglichkeit und Kleinheit gegenüber Gott erleben und durch Buße sich seiner Gnade öffnen. Der Vermittler zwischen den beiden Instanzen war die Kirche.

Mit dem Zurücktreten des religiösen Lebens im Allgemeinen und damit der Verbindung zu einer göttlichen Welt ist auch das Bewusstsein geschwunden, dass wir vor Gott sündig werden können. Wir brauchen ein rechtes Verhältnis zwischen dem Erleben von Sündhaftigkeit, das unsere eigene Verantwortung aufruft, und dem Hinblicken auf das Menschliche, Entschuldbare. – Die Fragen nach dem Wesen der Sünde und dem Menschen selbst werden noch größer und rätselhafter, wenn es um Sündenvergebung geht.

Dieses Buch soll keine theologische Abhandlung über den Begriff »Sündenheilung« sein. Es will eine Anregung darstellen, eine Fähigkeit zu erüben, die uns allen unendlich schwer fällt: die Fähigkeit, einem anderen, der uns in irgendeiner Weise verletzt hat, zu vergeben. – Bei einer Tagung haben wir in zwölf Gesprächen darum gerungen, wie wir das Sündigwerden des Menschen überhaupt verstehen können, wo wir uns selbst falsch verhalten und wie wir damit umgehen; auch das Umgehen mit der Sünde anderer, sogar dann, wenn wir nicht selbst unmittelbar betroffen sind, war eine wichtige Frage. Einige Stellen aus dem Evangelium wurden uns dabei ein Leitfaden.

Aus diesen Gesprächen ist das vorliegende Buch entstanden. Die Vielfalt dieser lebendigen Begegnungen ist in den zwölf Kapiteln noch erlebbar – und der Leser kann daran teilnehmen, indem er sich durch die aufmerksame Lektüre in das Wesen dieser Gespräche hinein begibt.

Köln, Dezember 2001

I Der Auftrag des Auferstandenen

Die Vergebung von Sünden, wie sie der Auferstandene den Jüngern aufgetragen hat, ist das Ziel für das Verhalten von Mensch zu Mensch – sie kann nur am Ende eines inneren Weges stehen. Trotzdem wollen wir sie als Ausgangspunkt für unsere Betrachtungen nehmen, um von da aus an die anderen Fragen heranzukommen.

Es ist ein rätselhaftes Wort, das der Auferstandene vor seinen Jüngern ausspricht: »Welchen ihr die Sünden erlasset, denen sind sie erlassen, und welchen ihr sie behaltet, denen sind sie behalten.« (Joh. 20, 23 – nach Luther) Für sich genommen, außerhalb seines ganzen Zusammenhangs, kann dieser Ausspruch leicht missverstanden werden. Wollen wir uns ihm nähern, müssen wir alle Einzelheiten, die dazu gehören, einbeziehen.

Es ist der Abend nach der Auferstehung, als die Jünger noch ganz ratlos vor dem unglaubwürdigen Bericht Maria Magdalenas stehen: er sei auferstanden. Sie können es nicht glauben, es übersteigt ihre Vorstellungskraft – zu groß ist noch die Trauer über den Tod ihres geliebten Meisters. In dieser Trauer haben sie sich in ein Haus zurückgezogen – Trauer verschließt. Die Angst, dass die Juden auch sie gefangen nehmen könnten, kommt noch hinzu. Nach der Gefangennahme Jesu hatten sie sich zerstreut und versteckt, doch jetzt sind sie wieder beisammen. Lediglich Thomas und Judas, der sich bereits das Leben genommen hat, fehlen. Ohne Fremde in ihrem Kreis sind sie ganz unter sich, abgeschlossen von der Umwelt, und richten sich ganz auf ihr Inneres. Da tritt der Auferstandene zu ihnen herein, in ihre Mitte – das heißt, er betritt auch ihr Inneres, ihre innere Mitte: Was sie in diesem Moment erleben, hat nichts mehr mit der Außenwelt zu tun. Die Erfahrung des Auferstandenen ist ein Innenerlebnis für jeden Einzelnen in der Gemeinschaft. Und er gibt sich ihnen zu erkennen, indem er seine Wundmale zeigt: Das ist das objektive Erkennungszeichen für seine Realität. Er ist es wirklich, der ans Kreuz Geschlagene, der jetzt den Tod überwunden hat. Aber er ist nicht mehr der gleiche irdische Jesus, mit dem sie durch das Land gezogen sind, deshalb erkennen sie ihn nicht unmittelbar. Dann spricht er zweimal das Wort des Friedens als den Gruß aus Auferstehungskraft. Und er haucht ihnen den Segensstrom des heiligen Geistes ein, damit sie später aus diesem heraus wirken können. Auf diese Weise sind sie vorbereitet für den Auftrag der Sündenvergebung. Der Auferstandene übergibt die Aufgabe nur an die Menschen, die schon begonnen haben, mit Christus zu leben und ihn im Inneren zu tragen. Diese ganze Situation, die im Johannes-Evangelium beschrieben wird, ist notwendig als Voraussetzung für das, was die Menschen aus der Christus-Kraft heraus tun sollen.

Bevor wir uns den Auftrag selbst genauer anschauen, erinnern wir uns, dass früher, zu Lebzeiten Christi, Petrus eine ganz ähnliche Aufgabe bekommen hatte (Mt. 16, 13–20). Während der Wanderung mit seinen Jüngern, im Anblick des römischen Tempels von Cäsarea Philippi, fragt Jesus Christus, für wen die Menschen ihn halten und für wen die Jünger selbst ihn halten. Da blitzt in Petrus das Bekenntnis auf: »Du bist Christus!« Darauf antwortet der Herr, dass dies der Felsen der Gemeinschaft der Christen sein werde und: »Ich will dir den Schlüssel des Himmelreichs geben: Alles, was du auf Erden binden wirst, das wird auch in den Himmeln gebunden sein, und alles, was du auf Erden lösen wirst, das wird auch in den Himmeln gelöst sein.« So ähnlich diese beiden Aussagen klingen, so unterschiedlich sind sie doch. Und kommen wir dem Auftrag an Petrus näher, verstehen wir besser den anderen, den Auftrag des Auferstandenen an alle Jünger.

Was heißt »binden und lösen«? Im griechischen Text steht bei Matthäus für binden: δεω im Sinne von *fesseln*; und für lösen: λύω als *auflösen, befreien.* Wir kennen diese beiden Vorgänge in chemischen Prozessen, wenn eine Substanz gebunden wird, das heißt sich verdichtet, mit anderen verbunden wird, an sie gefesselt und sogar fest und hart werden kann, wie zum Beispiel das Salz. Oder sie wird wieder gelöst, aufgelöst, bis ins Flüssige oder Dampfförmige. Salz bindet sich an die Schwere, wenn es kristallisiert; im Wasser löst es seine Form wieder auf. – Das können wir auf den menschlichen Bereich übertragen. Da ist es wichtig, Ideale zu fassen und diese auf der Erde zu verwirklichen. Bleiben sie nur eine Idee, haben sie keine Realität und sie bleiben Luftschlösser. Wir müssen sie herab holen und in irdische Tatsachen umsetzen, das heißt: an die Erde binden. Nur dann bekommen sie Bedeutung für die Welt.

Auf der anderen Seite besteht die Möglichkeit, dass sich Vorstellungen, die wir in uns tragen, oder Gewohnheiten, die allmählich entstanden sind, verfestigen. Es ist einfacher, an dem festzuhalten, was wir schon kennen, anstatt es zu ändern. Doch wenn wir etwas so fortsetzen, wie es schon immer war, führt dies zu Verhärtungen und es kann nichts Neues entstehen. Wollen wir neue Ziele anstreben, müssen wir uns von alten lösen können.

So entsteht für jeden Menschen die Aufgabe, zu durchschauen, was zu binden und was zu lösen ist. Diese Unterscheidungsfähigkeit wird Petrus zugesprochen. Das ist sein Schlüssel – der Schlüssel, in der Gemeinschaft zu wirken.

Was wir auf der Erde tun, hat seine Wirkung in den Himmeln. Geistige Wesenheiten nehmen es wahr und stellen ihre Taten darauf ein. Die Engel, die unsere Menschenschicksale führen, nehmen unser Verhalten auf und lenken danach unser Leben, denn ihr Wunsch ist es, den Menschen zu helfen, ihren Weg zu finden. Und in dem Moment, in dem wir im Einklang mit ihrem überschauenden Blick sind, können sie uns anders begleiten, als wenn wir auf Abwege geraten. Wir kennen ihre Ziele nicht, aber wir spüren es im Inneren, wenn wir darauf achten, ob wir auf dem rechten Weg sind oder nicht. Sehen wir uns selbst objektiv an, merken wir, wo es notwendig wird, etwas zu festigen oder anderes zu lösen. Wer so wie Petrus mit

Christus verbunden ist, dass er ihn als den Sohn Gottes erkennt, sieht aus dieser Verbundenheit heraus das Schicksal mit neuem Blick, in seiner göttlichen Führung. Er nähert sich dem Engel-Blick, der die Entwicklung schaut. Damit hat der Mensch den Schlüssel des Himmelreiches in der Hand. In den wenigen Augenblicken, in denen wir dieses engelhafte Schauen erreichen, dürfen wir mit Hilfe der geistigen Führung des Schicksals binden und lösen.

Petrus bekommt diesen Schlüssel nach seinem Bekenntnis zugesprochen. Als Sprecher für die anderen Jünger hat er sagen können: »Du bist Christus.« Er ist in diesem Augenblick der Mittelpunkt des Jüngerkreises, als Einzelner, als Stellvertreter herausgehoben von den Übrigen.

Am Osterabend befinden sich die Jünger in einer anderen Situation: Alle, die versammelt sind, schauen den Auferstandenen und erkennen ihn. So geht auch der Auftrag diesmal an alle, nicht nur an Petrus. Alle sollen aus ihm, aus ihrer Verbundenheit mit ihm, handeln. Jeder von ihnen erlebt den Auferstandenen in seinem Inneren und damit in ihrer gemeinsamen Mitte. Er gibt ihnen Kraft für ihre Aufgabe und verbindet sie so noch mehr zu einer Gemeinschaft. Vor dem Mysterium von Golgatha kam es auf den Einzelnen an, ob er sich aus dem Gruppenhaften, Volksmäßigen herauslösen und aus sich den Christus erkennen konnte wie Petrus. Jetzt hat sich die Situation grundlegend geändert: Nach der Auferstehung entsteht aus dem Schauen des Christus eine neue Gemeinsamkeit durch das gleiche Erleben. Gemeinsam können sie den Auftrag empfangen und später danach handeln, und nur aus dem Bewusstsein, von der Gemeinschaft getragen zu sein, werden sie es können.

Auch ist der Auftrag an den Jüngerkreis nun ein anderer als derjenige, der sich zuvor an Petrus allein gerichtet hatte. Das wird deutlich an den anderen Verben, die verwendet werden. Statt »binden und lösen« heißt es jetzt »erlassen und behalten«. Wieder helfen uns die griechischen Worte weiter. Das Verb ἀφίημι umfasst das Motiv des *Loslassens, Freilassens.* Es ist kein Befreien im Sinne von Auflösen wie vorher, sondern ein *Entlassen.*

Wann entlassen wir? Zunächst mag eine negative Bedeutung nahe liegen, beispielsweise eine Entlassung aus einem Arbeitsverhältnis: Jemand muss seine Tätigkeit auflösen. Aber auch ein junger Mensch, wenn er die Schule oder eine Lehre beendet hat, wird daraus entlassen. Den Jugendlichen wird im Sakrament der Konfirmation gesagt, dass sie »in das Leben entlassen« werden. Aus der Führung der Erwachsenen durch die Kindheit hindurch lassen wir sie in die beginnende Selbstständigkeit gehen. Immer ist es ein Lösen aus einer bisherigen Situation. Wir können auch eine Aufgabe, eine Tätigkeit lassen, aufgeben, oder eine Gewohnheit unterlassen. Wir lassen los, was in unser Leben gehörte und befreien uns davon. – Wenn wir etwas zulassen, geschehen lassen, halten wir uns mit unserem eigenen Willen zurück. Das kann Schwäche sein, wenn wir nicht zugreifen; es kann auch die Bejahung eines höheren Willens sein. – Auch »erlassen« heißt loslassen, nicht nachtragen oder festhalten. Einem Kind wird vielleicht eine Strafe erlassen, wenn es bereit ist, etwas wieder gutzumachen. Wir können einem Menschen seine Geldschulden erlassen, wenn wir sehen, dass er sie nicht bezahlen kann. So sollen die Jünger Sünden erlassen. Das ist eine Aufgabe, die ihr Persönliches weit übersteigt und die nur aus der Verbindung mit dem Auferstandenen möglich wird. Die Frage nach dieser Möglichkeit wird uns im Weiteren beschäftigen.

Schwieriger wird die zweite Seite des Auftrages: »Welchen ihr die Sünden behaltet, denen sind sie behalten«. Im griechischen Text steht κρατέω, das heißt: stark und mächtig sein, etwas beherrschen können, behalten im Sinne von festhalten. – Was ich in der Hand halte, lasse ich nicht fallen. Ich trage es, ganz im äußeren Sinne, wie ich zum Beispiel einen Krug trage. Bezogen auf seelische Kräfte, kann dies heißen, dass ich einen Menschen halten und stützen kann, wenn er Hilfe braucht. Halte ich mich selbst in aufrechter Haltung, habe ich die Herrschaft über das, was herab zieht, über die Schwerkraft, über niedere Triebe. Was erhalten wird, bleibt bestehen. Alte Schriftrollen sind erhalten geblieben, bewahrt worden. Wir können auch eine Freundschaft erhalten und weitertragen. – Das Wort κρατέω finden wir wieder in dem »Pantokrator«, dem All-Beherrscher und All-Erhalter, dem Weltenherrscher, der über alles mächtig ist.

Was ist aber gemeint, wenn die Jünger Sünden behalten sollen? Sie nehmen sie den Menschen nicht ab, damit sie nicht verloren gehen. Denn es sind gerade die Fehler, die wir machen, aus denen wir am meisten lernen können. Was wir einmal falsch gemacht haben, tun wir so leicht nicht wieder, zumindest bemühen wir uns darum. Diese Bemühung ist es, die zur eigenen Erkraftung notwendig ist. Würden unsere Schwächen und Sünden einfach unter den Tisch fallen, wäre uns die Möglichkeit genommen, uns weiterzuentwickeln. Sie sind ein Teil von uns geworden. Und was wir bei uns selbst erleben, können wir auch manchmal für einen anderen Menschen wahrnehmen. Wenn wir den Mut haben, ihn darauf hinzuweisen, trauen wir ihm zu, dass er stark genug ist, mit einer Verfehlung umzugehen. Wir sprechen ihm die Kraft zu, muten sie ihm zu, das heißt, wir stärken seinen Mut. Er kann dann lernen, seine Fehler zu beherrschen. Auch dieses Zusprechen können wir nicht aus uns selbst. Nur aus der Verbindung mit dem Auferstandenen bekommen die Jünger diesen Auftrag.

Beides, das Erlassen und das Erhalten, spricht in diesem Auftrag des Christus das Verhältnis von Mensch zu Mensch aus, zielt ab auf den Umgang miteinander. Der Auferstandene will in die Beziehungen der Menschen untereinander einwirken. Es soll etwas einströmen können. Christus ist selbst durch den Erdentod gegangen, um ihn in Auferstehung zu verwandeln, und von seiner todüberwindenden Kraft soll etwas in die Menschheit einströmen können. Was uns belastet und zur Erde herab zieht, was also dem Tode verfällt, kann durch die Kraft der Auferstehung wieder aufgerichtet werden. Lebt sie so in uns, dass sie ausstrahlt, wirkt sie erlösend für andere Menschen und stärkt sie, mit dem eigenen Schicksal leben zu können. Mit der Auferstehung ist uns die Möglichkeit gegeben, das, was herausgefallen ist aus göttlicher Verbundenheit, der Tiefe zu entreißen und die Richtung nach oben zu finden.

Zunächst können wir Christus als Gottessohn erkennen, seine Göttlichkeit erahnen wie Petrus. Damit haben wir den Schlüssel, das Christuswesen überall zu finden. Es umfasst Himmel und Erde, Gott und Mensch und lässt uns den Ausgleich suchen: Was zu flüchtig und unreal bleibt, soll gebunden, was zu fest im Irdischen geworden ist, gelöst werden. Das muss noch nicht unser Verhältnis zu anderen Menschen betreffen, sondern bleibt zunächst allgemeiner in dem zu bindenden oder zu lösenden »Was« des Auftrags an Petrus.

Das Erkennen des Christus kann uns einen Schritt weiter führen zum Erleben des Auferstandenen als innere Erfüllung. Die Auferstehungskraft bleibt nicht im einzelnen Menschen; sie ist größer und strömt wieder aus in die Umwelt. Sie verbindet die Menschen zu neuen Gemeinschaften. Und jetzt heißt es: »welchen« ihr erlasset oder erhaltet.

Im Vergleich der beiden Aufträge an Petrus und an alle Jünger fällt noch auf, dass es im irdischen Bereich wichtig ist, sich zuerst mit dem zu verbinden, was in den Himmeln, der göttlichen Welt erreichbar ist. Die Bindung an Christus gibt uns den nötigen Halt. Dann können wir uns auch von Erdenfesseln lösen. Es wird zunächst vom Binden, dann erst vom Lösen gesprochen. Leben wir aber mit dem Auferstandenen in unserer Umwelt, geben wir den anderen Menschen zuerst frei von dem, was ihn festhält. Wir lassen los, was ihn bindet. Dann erst schauen wir das an, was er zu tragen hat, und trauen ihm zu, daran zu arbeiten. Die Reihenfolge von Matthäus 16 von Binden und Lösen kehrt sich in Johannes 20 um zu Lassen und Halten.

II   Der Sündenfall am Beginn der Entwicklung

Zunächst steht die Frage vor uns, wie die Sünde, die Möglichkeit zum Sündigwerden, in die Menschheit hereingekommen ist. Damit müssen wir an den Beginn der Schöpfung zurückgehen, wie sie in der Genesis geschildert wird.

Die erste Schöpfungstat der Gottheit ist die Schaffung des Lichtes: »Es werde Licht.« Das Licht wird eine eigene Qualität, die sich von allem Übrigen absetzt. Gleichzeitig wird das, was nicht Licht ist, auch ein Eigenes: Finsternis. Die Finsternis wird nicht aktiv durch ein Gotteswort geschaffen, etwa: »Es werde Finsternis.« Aber sie bleibt als die Welt, aus der sich das Licht herausgelöst hat. Am Abend des ersten Schöpfungstages schaut die Gottheit zurück auf das Geschaffene. »Er nannte das Licht Tag und die Finsternis Nacht.« (1. Mos. 1, 5) Licht und Finsternis sind die erste Ur-Polarität der Schöpfung.

Was eine Einheit war, eine Ur-Substanz, ein »Chaos« (oder »Tohuwabohu« im Hebräischen) wird gegliedert. Alles, was geschaffen wird, tritt aus dieser ursprünglichen Einheit heraus und wird für ein eigenes Dasein ausgesondert. Es erscheint zunächst in deutlichen Polaritäten: Am zweiten Schöpfungstag sind es Himmel und Erde, dann Wasser und Land.

Die Trennung geschieht auch bei der Schaffung des Menschen, indem die Gottheit das Menschenwesen als ihr eigenes Ebenbild aus sich heraus entlässt: »Lasset uns den Menschen machen, ein Bild, das uns gleich sei.« (1. Mos. 1, 26) Gott löst den Menschen von sich, sodass er ihm als Ebenbild gegenüberstehen kann.

Michelangelo, *Trennung von Erde und Wasser*,
Sixtinische Kapelle

Michelangelo, *Erschaffung Adams*,
Sixtinische Kapelle

Im zweiten Kapitel schildert die Genesis eine weitere Stufe der Schöpfung: Der Mensch wird jetzt aus Erdenstoff geformt. Seine irdische Gestalt wird aus dem Bild Gottes gebildet, die geistige Gestalt wird irdischer. Er lebt noch im Paradies, einer Welt göttlicher Lebenskräfte. Nun braucht alles Leben seine Polarität, wenn es aus sich heraus bestehen soll. Auch der Mensch braucht ein Gegenüber, so wie sich zuvor die Gottheit ein Gegenüber geschaffen hatte. Jetzt wird der eine Mensch geteilt in eine Zweiheit. Gott trennt den Menschen in Mann und Frau (1. Mos. 2, 18). Beide tragen jetzt einen Teil des Menschseins in sich, nicht mehr den ganzen, vollkommenen. Jeder ist einseitig geworden und unvollkommener als das Ganze. Damit können sie beginnen, sich zu entwickeln.

Die Gottheit übergibt dem Menschen eine Aufgabe. Schon der eine Mensch vor der Teilung bekam sie zugesprochen in Form eines Gebotes: Von dem einen Baum in der Mitte des Paradieses darf er nicht essen. Alles Übrige steht ihm zur Verfügung, aber an dieser Stelle soll er sich zurückhalten. Er soll lernen, sich zu beherrschen, sich selbst zu führen. »Von dem Baum der Erkenntnis des Guten und Bösen sollst du nicht essen.« (1. Mos. 2, 17) So kann er aufwachen für sich selbst und sich seines eigenen Wesens bewusst werden.

Mit der Tatsache eines Gebotes trennt Gott den Menschen von sich. Die Erschaffung selbst war eine erste Lösung aus dem Gottessein ins Leibliche. Das Gebot löst auch das Seelische von Gott, denn jetzt soll der Mensch aus sich etwas tun bzw. unterlassen. In jedem Gebot liegt jedoch auch die Möglichkeit der Übertretung – der Mensch ist frei, ob er es halten will und kann. Auch im Paradies wird er frei gelassen, Gott hilft ihm nicht bei der Einhaltung. Er soll sich selbst entscheiden, und dadurch erlebt er eine innere Zweiheit, ein Ja und ein Nein. Das ist noch keine bewusste Überlegung, aber unbewusst beginnt ein Ringen darum, ein innerer Kampf, den jeder in sich austragen muss. Er macht den Menschen selbstständig.

Die Selbstständigkeit des Menschen ist gottgewollt, dafür hat er das Gebot bekommen. Der einheitliche Mensch machte noch keinen Gebrauch davon, denn er lebte noch ganz verbunden mit Gott. Erst der geteilte Mensch, der einseitig geworden ist, wird wankend, denn er empfindet, dass es nun auf ihn selbst, auf seine Entscheidungen ankommt. Und wo er sich seiner Gottverbundenheit nicht mehr ganz sicher ist, hat der große Gegner Gottes, der Widersacher, Zugang. Der Mensch in seinen Einseitigkeiten ist ungeschützt und die Gegenmacht kennt die Unvollkommenheiten, in die sie sich einschleichen kann: Unsicherheit ist immer ein offenes Tor für ihn. Eva ist in ihrer Haltung dem Gebot gegenüber viel unsicherer als Adam: Während für ihn das direkte Aussprechen Gottes noch eine Kraft ist, die ihn hält, hat Eva das Gebot nur von Adam gehört – so wird es im Oberuferer Paradeisspiel gesagt –, und so kann sie freier damit umgehen: Sie fühlt sich weniger stark an Gottes Wort gebunden.

Hält der Mensch das Gebot, bleibt er in Gott, erwacht seine Eigenheit, fällt er heraus. Eva wird neugierig; in der Seele regt sich die Gier auf Neues, auf eigenes Erleben. Sie hört die Verlockung: »Ihr werdet sein wie Gott.« (1. Mos. 3, 5) – nicht nur in Gott lebend, sondern selbst wie ein Gott, in Selbstständigkeit. Das Eigenwesen wird zur Versuchung. Der Mensch sollte sich finden in der Entscheidung für Gott, stattdessen sieht er die Möglichkeit, selbst göttlich zu werden. Die Lösung aus dem Gebot, das ihn noch gehalten hatte, weist ihn auf sich und zeigt ihm seine Göttlichkeit, die er als Ebenbild erhalten hat. Nun ist diese Göttlichkeit aber nicht frei errungen, sondern ein Trugbild, das nicht aus ihm geschaffen wurde, und anstatt wahrhaft göttlich zu werden, sondert sich der Mensch von der göttlichen Welt ab. Die Möglichkeit dazu hat Gott ihm durch das Gebot gegeben.

Die Trennung aus dem Göttlichen geschieht in jedem Menschenleben, wenn das kleine Kind, das noch in reiner Unschuld lebt, sich allmählich mehr auf der Erde inkarniert. Ein deutliches Aufwachen zu sich selbst erlebt es beim Übertreten eines elterlichen Gebots. Es weiß, dass es etwas nicht darf, und tut es trotzdem. Da handelt es aus sich und nicht mehr aus dem Willen anderer. Meistens hat es dabei ein schlechtes Gewissen, und gerade in diesem schlechten Gewissen erlebt es sein Eigenwesen.

Dadurch gehören solche Erlebnisse oft zu den ersten Kindheitserinnerungen, denn sie haben sich dem eigenen Bewusstsein stark eingeprägt.

Der Weg zur Selbstständigkeit geht durch viele Stufen. Ein tiefer Einschnitt kann es sein, wenn der junge Mensch sein Elternhaus verlässt und er sich aus der gewohnten, ihn bisher tragenden Umgebung löst. Das kann entweder in aller Ruhe geschehen oder den jungen Menschen durch tiefe Krisen führen, und manche Jugendliche schildern ihre Auflehnung, ihren Hass, die sich in Aggressionen und Gewalt äußern können. Sie fühlen, dass sie der Umwelt gegenüber schuldig werden, aber sie finden noch keinen anderen Weg, wenn sie zu sich selbst kommen wollen.

Das Erfahren des eigenen Ich auf der Erde ist immer mit Schuld verbunden, die Absonderung zu seinem Eigenen ist »Sünde«. Auch ohne moralische Schuld ist jede Sonderung Sünde. Sünde entsteht aus Sonderung. Sprachlich hängen die Worte im Deutschen zusammen durch die Laute. Es ist nicht der gleiche Wortstamm, aber die Sprache bringt die beiden Worte in unmittelbare Nähe. (Von der Unterscheidung zwischen Schuld und Sünde wird später noch die Rede sein.)

Das griechische Wort für Sünde: ἁμαρτία meint die Abirrung, Verfehlung, ursprünglich: die Zielscheibe verfehlen. Die objektive Tatsache, das Ziel nicht zu erreichen, ist zu einer moralischen Bewertung des menschlichen Verhaltens geworden. Der Mensch irrt ab vom rechten Weg zum Ziel. Das Herausfallen aus der Gotteswelt, die Trennung vom Paradies wurde als ein Versagen des Menschen erlebt, denn er musste seinen göttlichen Ursprung verlassen. Auch im einzelnen Leben ist die Trennung aus dem Kindheitsparadies ein zunächst negativer Prozess. Aber da sehen wir sofort, dass er zur Entwicklung der Persönlichkeit notwendig ist. Entwicklung geschieht aus der Begegnung mit dem Bösen, daher hat Gott diese Begegnung gewollt und durch sein Gebot eingeleitet. In diesem Zusammenhang handelt die Schlange, der Widersacher, mit ihrer Verlockung im Sinne Gottes. Ohne sie könnte sich der Mensch nicht zu seinem eigenen Ich entwickeln: Er wäre mit der göttlichen Welt verbunden geblieben.

Es fällt uns schwer, in diesem Zusammenhang Gut und Böse ohne Bewertung zu sehen. Was für uns böse wird, ist von Gott als notwendig zugelassen worden. Und so ist auch Gott nicht einfach gut im Gegensatz zu böse. Wir denken Gut und Böse als Polaritäten, von denen jede nur eine Seite in sich hat, also einseitig ist. Das Gute schließt das Böse aus und umgekehrt. Wir beurteilen etwas als entweder gut oder böse. Wir müssen beide Seiten aber auch verbinden können und sehen: Was uns böse erscheint, kann einen guten Hintergrund haben, und alles Gute enthält auch Böses. Versuchen wir, das Wesen Gottes zu denken, so ist er gut im Sinne von »allumfassend«. »Gut ist nur der einige Gott« (Lk. 18, 19), der auch die Gegenmacht trägt. Er steht über Gut und Böse.

Trotzdem wird der Mensch als Folge der Herauslösung aus der göttlichen Welt sündig. Er ist unvollkommener, schwächer geworden, hat seinen unmittelbaren göttlichen Anteil verloren. Das macht ihn krank, wenn Krankheit den Verlust von Gesundheit im Sinne von Vollkommenheit bedeutet.

Wir sprechen von der »Sündenkrankheit«. Ohne sie kann kein Menschen-Ich geboren werden, und sobald jemand vermeiden wollte, sündig zu werden, könnte er nicht zur Erde kommen, denn die Sündenkrankheit öffnet den Weg zur Ausbildung des irdischen Menschenwesens. – Im Täglichen erleben wir, dass wir aus unseren Fehlern uns selbst kennen lernen und beginnen können, an uns zu arbeiten und uns zu entwickeln. Lebten wir der Stimmung, fertig und vollkommen zu sein, gäbe es nichts mehr zu tun.

Die Folge des Sündenfalles, die Gott über den Menschen verhängt, kann nicht Strafe sein, auch wenn es so klingt. Zu Eva sagt er: »Du sollst mit Schmerzen Kinder gebären«, und zu Adam: »Verflucht sei der Acker um deinetwillen ... Im Schweiße deines Angesichtes sollst du dein Brot essen.« (1. Mos. 3, 16–19) Schmerz des eigenen Leibes und Arbeit an der Erde sind Erfahrungen, die der Mensch braucht für seine Entwicklung, denn im Schmerz wird uns unser eigenes Sein bewusst. Die Arbeit verbindet uns mit unserer irdischen Umwelt, und im Einsatz nach außen erleben wir uns selbst und verwandeln uns. Das sind die beiden Hilfen, die Gott dem Menschen mitgibt für sein Erdenleben, damit er einmal wirklich göttlich werden kann. Aus sich und in eigener Arbeit kann das Ich ein selbstständiges, in Gottes Willen lebendes Wesen werden.

Die weitere Folge des Sündenfalles ist der Tod. »Du sollst wieder zu Erde werden.« (1. Mos. 3, 19) Schon vorher, als das Gebot gegeben wurde, hieß es: »Wenn du von dem Baum issest, wirst du des Todes sterben.« (1. Mos. 2, 17) Der Tod wurde oft als Strafe empfunden. Er lässt aber die Menschenseele mit dem, was sie sich errungen hat, in die göttliche Heimat zurückkehren, bzw. neu eintreten. Die Schlange will ein Leben ohne Tod, sie sieht auf ein Ewiges, das nicht stirbt: »Ihr werdet mitnichten des Todes sterben.« (1. Mos. 3, 4) Mit diesen Worten will sie die Entwicklung des Ich verhindern, durch die Übertretung des Gebotes soll es sich von Gott lösen und befreien. Dann werde es

Veronese, *Adam und Eva nach der Vertreibung aus dem Paradies*, Öl auf Leinwand, um 1580, Wien

schon »wie Gott« sein, ohne eigene Mühe, mit Hilfe der Schlange. So wäre es dann jedoch kein eigenes Ich – sondern ein »schlangenhaftes«.

Gott aber weist dem Menschen den Weg zu seinem eigenen Ich. Dazu gehören auch die Todeserfahrungen. Schon während des Erdenlebens können wir sie üben, wenn wir lernen, loszulassen, was uns im Irdischen festhalten will, und auch zu überwinden, was im Egoismus verhärten will. Vielleicht ist es die eigentliche Sünde, sich nicht zu seinem Höheren entwickeln zu wollen. Das Streben danach aber strafft unsere Seele, konzentriert sie auf das in uns, was göttlich werden will. Statt moralischer Strafe kommt es auf die eigene Straffung an. – Das Wort »Strafe« kommt von »straffen«. Und die Möglichkeit dazu gibt Gott dem Menschen.

III Das Leben nach Geboten

Auch wenn Gott den Menschen innerhalb des Feldes der Versuchung frei lässt, gewährt er ihm doch Hilfen auf dem Weg der Ich-Werdung. Er gibt sie in Form von weiteren Geboten. Im Paradies war es zunächst das eine, später überträgt er dem Volk Israel zehn Gebote. Er zeigt damit den Menschen die Richtung, in der sie die göttliche Welt als ein Ziel wiederfinden können.

Wenn das Gebot im Paradies eine erste Anregung für den Weg zum Ich war, sind die zehn Gebote viel umfassender und fordern mehr vom Menschen. Sein Ich ist irdischer, selbstständiger geworden und muss mehr einsetzen, um Gott zu finden. So betreffen die Gebote auch andere Inhalte als das eine, weil es jetzt darum geht, von der Erde aus den Ausgleich zum Sündenfall zu finden. Vorher sollte der Mensch vor dem unmittelbaren Erkennen Gottes bewahrt werden, er war noch mit ihm verbunden. Jetzt soll er sich als Erdenmensch neu an Gott wenden, und dazu braucht er ein anfängliches Bewusstsein von ihm. So heißt es im ersten Gebot (2. Mos. 20, 2-6) in den Worten Rudolf Steiners: »Ich bin das ewig Göttliche, das du in dir empfindest ... Fortan sollst du andere Götter nicht über mich stellen. Du sollst nicht als höhere Götter anerkennen, was dir eine Abbildung zeigt von etwas, was oben am Himmel scheint, das aus der Erde heraus oder zwischen Himmel und Erde wirkt. Du sollst nicht anbeten, was von alledem unter dem Göttlichen in dir ist, denn Ich bin der Ewige in dir, das hineinwirkt auf den Leib und daher auf die kommenden Geschlechter wirkt. Ich bin ein fortwirkendes Göttliches ...« Im Paradies brauchte Gott noch nicht von sich zu sprechen. Jetzt nennt er sich selbst. Das zeigt auch, dass die Trennung zwischen Mensch und Gott größer geworden ist und dadurch sein Wesen dem Menschen bewusster werden kann. Bei jeder Trennung von einem Menschen erleben wir, dass wir ihn anders sehen lernen. Durch den Abstand von ihm können wir ihn anschauen und seine verschiedenen Seiten besser überschauen. Wenn ein Verstorbener äußerlich nicht mehr anwesend ist, merken wir erst, was er uns bedeutet hat. So vollzog sich auch die Entwicklung der Menschheit im Verhältnis zu Gott, und durch das erste Gebot wird deutlich, wie Gott selbst im Menschen ein Bewusstsein des Göttlichen erweckt, das nun nicht mehr selbstverständlich in sich erlebt wird, sondern als ein Gegenüber angebetet werden kann. Das Empfinden im Inneren muss erst geübt werden – in der Hinwendung suchen wir eine neue Verbindung.

Gott betont, dass er der Eine ist, der Einzige. Das »Eine« in uns, das alles in uns von den verschiedensten Seiten zusammenfasst, aus dem heraus wir unsere unterschiedlichen Impulse, Empfindungen, Gedanken ordnen können, ist das Ich. Gott sagt also, dass er der Gott des Ich ist. Er führt den Weg zum Ich, zum einzelnen, individuellen Menschen.

Der Mensch soll sich aber im Ich nicht völlig abschließen, in sich verschließen, sondern aus seiner inneren Kraft den anderen in seiner Individualität erkennen. Es war ja schon am Anfang der Schöpfung »nicht gut, dass der Mensch allein sei«. (1. Mos. 2, 18) Das Verhältnis von Mensch zu Mensch ist eine Grundlage allen Erdenlebens. Davon sprechen die weiteren Gebote. Das sechste sagt: »Brich nicht die Ehe«, brich die Beziehung zu anderen Menschen nicht ab. Das siebte: »Stehle nicht«, nimm dem anderen nichts fort, begehre nichts von ihm. Das achte: »Setze den Wert deiner Mitmenschen nicht herab, indem du Unwahrheit von ihm sagst.« Die eigene Ich-Findung hat also zur Folge, das Ich des anderen anzuerkennen. Das ist ein wichtiger Schritt für die spätere Frage nach der Sündenvergebung.

In ihrer Erscheinung werden die Gebote irdischer. Zunächst spricht Gott zu Moses, gewaltig, wie der Ton einer Posaune, mit

Moritz Daniel Oppenheim, *Moses mit den Gesetzestafeln*
Öl auf Leinwand, 1817/18, London

Blitz und Donner (2. Mos. 19, 16–19). Nach dem Ertönen der zehn Gebote redet der Herr weiter mit Moses und überträgt die Grundlagen für das religiöse Leben: Er beschreibt den Altar, die Priesterkleidung, die Opfer und Feste, dann werden die Gebote in Buchstaben, in Zeichen gefasst, die gesehen werden können. Nach der Rede übergibt Gott Moses zwei steinerne Tafeln, die er mit seinem Finger beschrieben hatte (2. Mos. 31, 18). Gott selbst hatte die Schrift dem Stein eingegraben. – Als Moses mit den Tafeln vom Berg herabstieg und das Volk um das goldene Kalb tanzen sah – also schon dem ersten Gebot zuwider handelte –, warf er die Tafeln zu Boden, dass sie zerbrachen. Wie der Mensch das eine Gebot im Paradies nicht halten konnte, so gelingt es ihm mit diesen zehn nun auch nicht. Das Volk wird sofort sündig vor Gott. Moses bittet den Herrn um Vergebung (2. Mos. 32, 32), doch der Gott des Alten Testaments kann noch nicht vergeben. Er wird die Sünder austilgen und sie die Folgen ihrer Taten spüren lassen. – Jetzt soll Moses selbst zwei Tafeln aus Stein hauen und damit erneut auf den Berg steigen. Dort schreibt Er, also Gott, die Worte der zehn Gebote darauf. In Stein eingedrückt werden sie für die Erde festgelegt. Sie sind für den Erdenmenschen, für sein Leben auf der Erde.

Als Botschaft Gottes bieten sie dem Menschen eine Möglichkeit für sein Handeln. Sie weisen auf ein Ziel in der Zukunft, das der Mensch befolgen kann. Es heißt eigentlich nicht, wie allgemein übersetzt wird: »du sollst« bzw. »du sollst nicht« als Forderung. Sondern es steht die Aussage da: »du wirst – du wirst nicht«. Dieses »du wirst« ist im Deutschen die Zukunftsform und gleichzeitig eine Möglichkeitsform: Das wirst du doch nicht tun. Erst die Menschen haben aus den Geboten Gesetze gemacht, Verbote: Du darfst nicht. Im Alten Testament sind lange Auslegungen zu den Geboten hinzugefügt worden, als Gesetze. – Die Worte »Gesetz« und »Gebot« zeigen deutlich die unterschiedliche Richtung: νόμος im Griechischen heißt das festgelegte Gesetz, das Gesetzte; ἐυτολή ist das Gebot, das Ziel, das ge-botene Ziel.

In dem »du wirst« spricht sich das Vertrauen Gottes in den Menschen aus. Er traut ihm also zu, dass er sich im Sinne dieser

Ziele verhalten kann und lässt ihn dabei frei. Wenn uns etwas zugetraut wird, stärkt es unser Selbstbewusstsein. Der Glaube an das Gute im anderen, trotz aller Mängel, ist eine starke Kraft. Kommt dieser Glaube von Gott, ist er eine besondere Stärkung.

Im sozialen Bereich können wir selten so freilassend sein, wie es das Gebot meint. Wir brauchen Gesetze, die das Leben miteinander regeln. Bei den Verkehrsregeln kann das jeder sofort einsehen, auch unser ganzer Rechtsstaat beruht auf juristischen Gesetzen, an die wir uns zu halten haben. Tun wir es nicht, folgt notwendigerweise eine Strafe.

Wir haben schon gesehen, dass Strafe ursprünglich eine Hilfe, ein Ausgleich zu einem Vergehen sein sollte, um den Menschen wieder in seinen sozialen Umkreis einzugliedern. Das ist ein instinktives Bedürfnis. Bei einem Kind erleben wir noch, dass es oft sogar auf eine gerechte Strafe wartet. Es fühlt sich nicht wohl, wenn es etwas getan hat, was es nicht durfte. Erst eine Strafe bringt das gestörte Leben wieder in Ordnung.

Wir verstehen so auch, dass frühere Völker ihren Gott als strafend erlebt haben, denn sie brauchten einen Ausgleich. Er kam von außen, wie auch Gebote und Gesetze von außen gegeben wurden. Der Mensch konnte sich noch nicht selbst fühlen, und so wurde ihm mit der Strafe ein Halt gegeben, mit dessen Hilfe er lernen konnte, sich selbst zu finden.

Mit Christus kam ein Umschwung. Durch ihn können wir die äußeren Gebote zu inneren, eigenen machen. Wir können aus uns selbst den rechten Weg finden, uns im äußeren Leben mit anderen Menschen einzugliedern und uns der göttlichen Welt zu öffnen. Das erfahren wir bei dem reichen Jüngling (Lk. 18, 18–22). Dass er von Kindheit an die Gebote gehalten hat, genügt nicht mehr. Er muss sich jetzt sein soziales Umfeld und seine eigene Stellung darin bewusst machen. Dazu muss er wissen, wer er ist. Das bedeutet aber gleichzeitig, alles, was er nicht ist, was er nur »hat«, besitzt, abzugeben. Er soll es sogar verkaufen, damit er erkennt, welchen Wert es hat. All unsere Begabungen, Fähigkeiten, die wir mitbringen, sind wertvoll und wichtig für unser Leben. Aber wir »sind« sie nicht im Inneren; wir haben sie nur. Sie gehören nicht uns, sondern der Welt, in der wir sie einsetzen. Wir können sie denen zugute kommen lassen, die weniger haben und denen wir damit helfen können. Zum Beispiel die Begabung einer schnellen Auffassungsgabe lässt uns vieles lernen; das erworbene Wissen ist aber nicht für uns selbst, als eigene Bereicherung, sondern hat nur Sinn, wenn wir es weitergeben. Ist das Ich frei geworden von egoistischem Verhalten, kann es Christus folgen und sich mit ihm verbinden, christlich werden. Etwas auf dem inneren Weg sterben zu lassen, muss also nicht Vernichtung und Abtötung heißen. Es ist keine Selbstkasteiung, um sein Niederes zu töten. Setzen wir es sinnvoll für andere ein, verwandelt es sich, und wir werden frei von dem, was uns innerlich bindet.

Christus hat den Menschen ein neues Gebot gegeben. Es ist ein Gebot, das nur im Innersten ergriffen werden kann, ein ἐυτολή, ein Ziel. Es heißt: Liebet einander (Joh. 15, 12). Liebe können wir aber nicht fordern – wir können sie auch nicht selbst genießen wollen, dann ist es keine Liebe mehr. Als echte Liebe ist sie eine freie Tat zum anderen Menschen hin und auch zu Gott. Mit ihr leben wir in Christus. Sie steht als hohes Ziel vor uns. Christus gibt ein »Gebot« der Freiheit.

IV Das Anklagen

Die Pharisäer hatten die Aufgabe, die Gesetze zu beachten und dafür zu sorgen, dass sie eingehalten wurden. Wer dagegen verstieß, wurde angeklagt. Er konnte sich nicht verstecken und seine Tat verdecken, und vor dem Richter musste er sich der Anklage stellen. Das ist heute nicht anders als damals. Die Anklage ist zunächst ein wichtiger Prozess, denn sie bringt ein falsches Verhalten zum Bewusstsein: Sie schaut eine schlechte Tat an.

Im weiteren Sinne kann sie eine Beurteilung unseres ganzen Wesens sein. Die Außenwelt nimmt wahr, wie wir in der Welt wirken. Wir selbst merken es oft nicht und machen uns dadurch Illusionen über uns. Also brauchen wir einen Spiegel, um uns selbst zu erkennen. Die Anklage – oder eine Beurteilung von außen – kann solch ein Spiegel sein. Bevor wir uns selbst objektiv anschauen können (so wie wir einen anderen Menschen anschauen), bevor wir uns wie einen Fremden beurteilen können, brauchen wir einen Spiegel von außen, der uns unsere Taten vorhält. Er zeigt uns, was gut und was schlecht war, und wir sehen, wie Gutes von der Umwelt angenommen wird und seine Früchte trägt. Anderes dagegen stößt auf Widerstand, manches verursacht sogar Unglück. Alle unsere Taten wirken weiter und zeigen in der Wirkung ihren Wert oder Unwert.

Ein Lernender braucht immer die Beurteilung des Lehrers, denn sonst weiß er nicht, was er noch verbessern muss und worauf er zu achten hat, und im Schicksal sind wir alle Lernende des Lebens.

Dieser Spiegel muss nicht immer eine laute Anklage sein –

manchmal genügt schon der Blick des anderen, der uns aufwachen lässt, denn wir können im Blick dessen Zustimmung oder Ablehnung sehen. Ein andermal ist es ein Wort oder auch ein tätiges Eingreifen.

Für einen äußeren Spiegel ist es selbstverständlich, dass er klar und unverzerrt sein muss, um ein wahres Bild zu geben. Das heißt im menschlichen Bereich, dass der Blick des Beurteilenden selbst klar und ohne Verzerrung sein muss, beispielsweise durch Sympathie oder Antipathie. Er darf nichts Eigenes, keine Emotionen in sein Urteil hinein mischen: Nur in Selbstlosigkeit kann ein Spiegel rein sein.

Der »Verkläger« der Menschen vor Gott, »der sie verklagte bei Tag und bei Nacht« (Apk. 12, 10), hat nur im Sinn, den Menschen herab zu ziehen und zu vernichten. Er ist besessen von seinem eigenen Willen und will den Menschen an sich binden. Ein Angeklagter ist ja immer unfrei gegenüber dem Kläger.

Ein selbstloses Urteil in Vollkommenheit ist nie möglich, weil jeder Mensch in seiner Seele drinnen steckt und nicht ohne Weiteres heraus kann. Dafür stand dann in allen Zeiten das Gesetz, an dem man sich als objektivem Maßstab orientieren konnte, sodass persönliches Empfinden ausgeschlossen war. Es wurde auch nicht nur von einem einzelnen Richter, sondern von vielen, dem Gericht, verwaltet, wodurch die Einseitigkeiten Einzelner ausgeglichen wurden.

Wir erleben auch heute bei Gerichtsverhandlungen, wie notwendig es ist, dass ein objektives Urteil ausgesprochen wird und der Richter nicht durch persönliche Einflüsse befangen ist. Handelt er aber nur streng nach dem Gesetzbuch, ohne auf das Persönliche des Angeklagten einzugehen, wirkt er unmenschlich, kalt. Wir erwarten von ihm, dass er sich in die Situation einfühlen kann. Seine Position in der Rechtsprechung zeigt die Schwierigkeit jeder Beurteilung: Sie soll beides umfassen, Objektivität und Menschlichkeit. Das kann nur aus einer Seite in uns geschehen, die sich über unser Persönlich-Subjektives erhebt. Es gibt ein Höheres in uns, das wir ganz selbst sind, das aber frei ist von subjektiven Gefühlen und Meinungen, weil es einer höheren

Welt angehört. Es schaut den anderen an und sucht ihn zu erfassen, wie er ist. Das ist dann keine Anklage mehr, sondern ein Verstehen, vielleicht sogar ein liebendes Verstehen.

Als die Pharisäer die Frau, die einen Ehebruch begangen hat und damit vor dem Gesetz schuldig geworden ist, vor Christus bringen (Joh. 8, 3–6), handeln sie ganz der Norm entsprechend, obwohl sie es aus niederen Beweggründen tun. Denn sie wollen eigentlich einen Grund haben, Christus, den sie zum Urteilen auffordern, anklagen zu können. Für die Frau sind sie die Ankläger, die dafür sorgen, die Tat bewusst zu machen, dafür muss sie zur Verurteilung vor ein Gericht gebracht werden. Jetzt führen sie sie, ohne dass sie es durchschauen, zu einem höheren Richter, in dem sie in ihrer Verblendung nur einen Gotteslästerer sehen.

Christus wird der höhere Richter im Menschen. Wo wir ihn suchen, verbindet er sich mit unserem höheren Wesen. Er überragt unser Persönliches und durchdringt es gleichzeitig mit seiner unendlichen Liebe. Dadurch, dass er anschaut, ohne zu verurteilen, sieht er in jedem Menschen seine Wahrheit, mit allen Schwächen und Begabungen. So ist er der »Ankläger« im positiven Sinn, der durch sein Wahrnehmen das Menschenwesen zum Bewusstsein bringt. Manche Menschen, die aus Todessituationen in ihr Erdenleben zurückgekehrt sind, haben ihn als eine Lichtgestalt geschaut, wie er sie anblickt in großer Güte. Alle ihre Verfehlungen wurden von ihm auf- und angenommen. Sein Durchschauen trifft die Seele bis ins Innerste und weckt den Wunsch, etwas wieder gutzumachen. Da braucht es keine andere Beurteilung oder gar Strafe mehr, denn der Mensch richtet sich selbst. Aus diesem inneren Erwecktwerden heraus wurde Christus als der Weltenrichter erlebt und als der Thronende oft so dargestellt.

Das sechste Gebot heißt: Du wirst die Ehe nicht brechen. In den Ausführungen dazu (3. Mos. 20, 10) folgt auf Ehebruch die Strafe des Todes, durch Steinigung. Die Ehe ist die Bindung an einen Menschen, die Verbindung des Geistig-Seelischen beider. Wer sich daraus löst, verliert etwas von seinem Seelenwesen, wird

Nicolas Poussin, *Christus und die Ehebrecherin*,
Öl auf Leinwand, 1653, Paris

Giovanni Battista Tiepolo, *Christus und die Ehebrecherin*,
Öl auf Leinwand, um 1760, Paris

in seinem Wesen gelockert. Auch da, wo im äußeren Leben eine Trennung berechtigt ist, geschieht diese Lockerung, nur machen wir sie uns meistens nicht bewusst. Wir brauchen eine Festigung unseres Wesens, um das Verlorene neu zu stärken.

Im alten Judentum geschah das durch den Stein, denn er ist das Festeste der Erde. Deshalb schrieb Gott auch seine Gebote in Steintafeln. Der Stein sollte dem gelockerten Wesen wieder Festigkeit geben. Damals musste das bis ins Äußere vollzogen werden: Wer die Ehe gebrochen hatte, wurde mit Steinen überhäuft, bis er starb. Er wurde unter Steinen begraben. Das Festeste musste er bis in den Leib hinein erfahren. Das war dann auch für die Seele ein Halt. Sie erlebte nach dem Tod im übertragenen Sinn Halt durch den harten Stein und konnte sich wieder neu fassen. – So können wir den ursprünglichen Sinn der Todesstrafe tiefer verstehen: Die Seele sollte sich in der göttlichen Welt neu finden. Es war aber auch deutlich, dass niemand außer Gott ein Todesurteil aussprechen durfte. Das Gottesurteil wurde erfragt. Die Richter erlebte man als göttlich, sie handelten aus Gott. – Auch hier bedeutet es nur einen weiteren Schritt, Christus als den göttlichen Richter anzusprechen.

Bei einer Steinigung konnte auch damals schon die negative Seite erlebt werden: Außer der Unmenschlichkeit dieser Prozedur hat auch der Bildcharakter sein Negatives: Steine werden geworfen, sie werden zum Vor-wurf. Mit jedem geworfenen Stein wird dem anderen seine Verfehlung vorgeworfen. Er wird damit belastet. Die Steine treffen, sie treffen und verletzen auch im Inneren. Wir können einen Menschen mit Vorwürfen überhäufen, die so schwer auf ihm lasten, dass er sich nicht mehr erheben, nicht mehr leben kann – bis er erdrückt wird.

Der Ehebruch ist auch ein Bild des Sündenfalls, wie er sich in der Menschheit fortsetzt. Die Verbindung mit Gott zu brechen, ist eine Selbstverständlichkeit des Menschseins, unsere Seele sondert sich ab vom Geistigen und verliert den höheren Teil ihres Wesens. Damit findet sie sich als Erdenwesen. – Auch eine Ehescheidung hat oft den Grund in dem Bestreben, das Eigene im Erdenleben mehr zu verwirklichen.

Der göttlichen Welt und den eigenen Geisteszielen gegenüber, wird die Seele untreu. Im täglichen Leben brechen wir ständig mit dem, was wir eigentlich wollen, immer wieder bleiben kleinere und größere Aufgaben, die wir erledigen wollen, auf der Strecke, und oft brauchen wir eine Stärkung, um etwas durchzutragen. Dass wir uns selbst Vorwürfe machen, hilft dabei nicht weiter. Sie belasten uns und hindern uns, immer wieder neu zu wollen. Aber wir können uns an den wenden, der unseren Willen stärkt und uns wieder mit unserem höheren Wesen vereint.

V Die Spuren der Sünde in der Erde

Die Gebote galten für jeden Juden, jeder musste sie einhalten, darüber wachten die Pharisäer. An Jesus hatten sie schon oft erlebt, dass er sie durchbrach, zum Beispiel, wenn er am Sabbat einen Kranken heilte. Sie hatten ihn aber nie wirklich zur Rede stellen können. Jetzt, als sie die Ehebrecherin zu ihm brachten, hatten sie eine gute Gelegenheit, ihn auf seine Gesetzestreue zu prüfen (Joh. 8, 6–8). Wie wird er reagieren? Vertritt er das Gesetz? Dass er auf die Angeklagte eingehen könnte, lag außerhalb ihrer Vorstellungen. Er aber nimmt einen völlig anderen Weg. Das Gesetz lehnt er nicht ab, er sagt nicht, es sei ungültig, sondern schon in der Bergpredigt hatte er betont, dass er gekommen ist, um es zu erfüllen (Mt. 5, 17) – um es mit geistigem Leben zu füllen. Und das hieß, dem Menschen zu seinem eigenen Göttlichen zu verhelfen, ihn aber nicht zum unfreien Knecht zu machen. Christus anerkennt jetzt, dass die Tat der Frau eine Sünde ist, die ihren Ausgleich braucht. Man kann das Geschehen nicht einfach stehen lassen und so tun, als wäre nichts gewesen. Gleichzeitig sieht er das Wesen dieser Frau und auch, was sich für sie aus ihrem Verhalten an neuen Möglichkeiten entwickeln kann.

Er sagt zunächst nichts, weder zu den Pharisäern noch zu der Frau, sondern beugt sich zur Erde. Er wendet sich der Erde zu, als wenn sie etwas damit zu tun hätte. Das ist sehr rätselhaft.

Unsere äußeren Schritte prägen sich der Erde ein. Gehen wir über aufgeweichten Boden, drückt sich jeder Tritt sichtbar ab. Die Fußspuren bleiben eine Weile sichtbar, bis sie wieder verwischen. – Arbeiten wir an der Erde selbst, wie der Landwirt oder der Straßenbauer, haben unsere Taten Folgen für die Erde. Sie beleben oder ertöten sie. – Anderes Verhalten, das nicht unmittelbar an der Erde geschieht, zeigt erst allmählich seine Wirkung, wie zum Beispiel all das, was zur Umweltverschmutzung führt. So wird die Erde zum Spiegel unserer Taten. – Von da aus können wir ahnen, dass alles, was wir tun, Konsequenzen für die Erde hat. Unser moralisches Verhalten, im Guten und im Schlechten, wird von den Erdenwesen aufgenommen. Christus weiß darum, er kennt dieses größere Gesetz des Verhältnisses von Mensch und Erde und beugt sich ihm. Was einen einzelnen Menschen und seinen unmittelbaren Umkreis betrifft, erweitert er über ihn hinaus und verbindet es mit der Erde.

Er schreibt. Er spricht nicht als Antwort, sondern er schreibt in die Erde. Er drückt der Erde Zeichen ein.

Wenn wir schreiben, prägen wir Worte in Buchstaben, in Zeichen. Ursprünglich waren die Buchstaben Bilder des Gesprochenen. Jeder Laut verdichtete sich zu einem Bild. Allmählich wurden sie immer mehr zusammengezogen und damit abstrakter. In manchen Formen der Buchstaben können wir das Ursprüngliche noch wiederfinden, so hat ein A noch eine offene Form, ein B eine umhüllende, abschließende.

Im Schreiben setzt sich etwas aus uns heraus. Schon wenn wir sprechen, äußern wir unser Inneres, bringen Gedanken und Erlebnisse nach außen. Wenn wir es aufschreiben, wird es konkreter, da wir klarer formulieren müssen, und machen es uns dabei bewusster, was eine befreiende Wirkung haben kann. Manchmal bedrückt uns etwas innerlich; gelingt es uns aber, darüber zu sprechen, können wir uns leichter lösen. Schreiben wir es auf, setzen wir es noch deutlicher aus uns heraus und können es objektiv anschauen. – Gleichzeitig halten wir es fest. Es vergeht nicht mehr so schnell wie flüchtige Gedanken und Gefühle, und es ist nicht nur im Augenblick des Aussprechens da, woran wir uns dann nur erinnern können. Das Geschriebene bleibt bestehen, für längere Zeit. Wir können immer wieder darauf zurückgreifen, es hat seine Gültigkeit. So gilt ein Vortrag für

die Zeit, für die er geschrieben wurde. Was wir schriftlich festhalten, ist nicht zu ändern, solange das nicht gewollt wird. Es
erstarrt damit, ist nicht mehr beweglich. So wie der einzelne
Buchstabe erstarrt ist in seiner Form, wird auch der Inhalt des
Geschriebenen festgelegt: Geschriebenes befestigt.

Deshalb hat Gott die Gebote geschrieben, in Steintafeln wie
eingemeißelt, damit sich Göttliches auf der Erde befestigen kann.
Die Menschen sollen sie nicht mehr vergessen und immer vor
Augen haben. Das hatte zur Folge, dass die Gebote ihre Lebendigkeit verloren und immer starrer wurden. Die Pharisäer richte-
ten sich nur noch nach der Schrift, hatten aber keinen lebendigen
Bezug mehr zur göttlichen Welt. – Wenn die Bibel, in der Worte
und Taten Gottes aufgenommen und beschrieben sind, auch die
»Schrift« genannt wird, zeigt das, dass sie ihre Gültigkeit nicht
verliert, aber in Gefahr ist, toter Buchstabe zu werden – sie muss
gelesen werden, um ihre Lebendigkeit zu behalten.

Wir kommen auf eine andere Seite alles Geschriebenen: Es
kann gelesen werden, das heißt, es kann belebt werden. Verschließt der Schreibende sein Werk nicht für sich, ist es anderen
Menschen zugänglich, denen er es gibt. Es ist für diejenigen da,
die es lesen wollen.

Christus schreibt. Aber wie schreibt er? In hebräischen
Buchstaben? In anderen Zeichen? Wir wissen es nicht. Hat er
eine eigene Handschrift, mit der wir die festgelegten Formen
variieren durch unsere Eigenart? Wir können einen Menschen
an seiner Schrift erkennen, weil sich das eigene Wesen darin aus-
drückt. Auch Christus wird sein Eigenes im Schreiben in die
Erde hineingeben, nur dass dieses Eigene nicht persönlich, sondern göttlich ist. Er durchchristet, was er schreibt.

Über den Inhalt seines Schreibens wird im Evangelium
nichts gesagt. Das Geschriebene ist aber seine Antwort auf die
Frage, was mit der Frau geschehen soll. Es kann also sein, dass er
ihre Tat festhält, das, was sie belastet. Dann macht er das Geschehene im Schreiben noch einmal bewusst, abgelöst vom Erleben der Frau. Es wird objektiv und kann angeschaut werden. Er
stellt es in den größeren Zusammenhang mit der Erde. – Ihre

Schuld aber nimmt er damit nicht fort. Dadurch, dass er sie aufschreibt, hält er sie gerade fest und bewahrt sie für die Zukunft. Sie kann später ausgeglichen werden. Schulden und Sünden können nicht beiseite geschoben werden. Sie fordern immer ihren Ausgleich, jetzt oder später.

Als die Pharisäer nicht nachlassen, ihn zu bedrängen, schreibt er ein zweites Mal in die Erde. Man hat den Eindruck, dass dieses beharrliche Verklagen aus dem Festhalten am Gesetz auch sündhaft ist. Und diese Sünde wird von Christus ebenfalls der Erde übertragen, denn sie braucht ihren Ausgleich. Christus verbindet sich ebenso mit dem Verhalten der Pharisäer wie mit dem der Frau.

Am Beginn der Menschheitsentwicklung hatte Gott schon einmal ein Schuldzeichen gesetzt: Kain, der seinen Bruder ermordet hatte, bekam ein Zeichen eingeprägt, das Kainszeichen. Es war eine erste Rune, die Gott schrieb, ein erster Buchstabe, der Kain für seine Tat zeichnete und seine Schuld für ihn bewahrte. Es zeigte, dass jede Schuld ausgeglichen werden muss.

Was Christus von der Frau schreibt, wird der Erde eingeprägt, nicht ihr selbst. Damit bleibt es nicht nur ihr Persönliches – es gehört zum Erdenschicksal. Der Ehebruch war nicht nur persönliche Schuld, sondern Ausdruck der Menschheitstatsache, die den Bruch der Verbindung mit dem Göttlichen belegt. Und das gehört zur Erde, zum Erdenleben.

Die Erde verändert sich durch das, was Christus ihr übergibt. Er belastet sie mit den Taten der Menschen. Sie soll die Sünden der Menschen aufnehmen, bewahren und tragen. Was sowieso geschieht, wird durch Christus noch einmal aktiv vollzogen. Dadurch verändert sich der Vorgang, denn was Christus der Erde einschreibt, ist durchchristet. Wenn er die Sünden aufnimmt und mit sich verbindet, verwandelt er sie. So schreibt er sich selbst ein, zeichnet die Erde mit seiner Schrift. Mit den von Christus getragenen Menschentaten wird auch die Erde christlich.

Er beschreibt auch nicht nur die Oberfläche, wie wir, wenn wir auf Papier schreiben, sondern in die Erde, prägt sich ihr bis in die Tiefe hinein ein. So wird die Erde sein Leib. Jetzt bereitet

Bartolomeo Manfredi, *Kain tötet Abel*,
Öl auf Leinwand, um 1610, Wien

er vor, dass er auch sein Schicksal und seine Taten mit der Erde verbinden wird, indem er seinen Leib der Erde hingibt. Damit die Erde sein lebendiger Leib werden kann, gibt er ihr sein Leben hin und schreibt sich die Sünden selbst ein. – Könnten wir das im Bewusstsein tragen, wäre die Erde für uns ein heiliger Ort, dem wir nicht schaden wollten.

Die Steine sollten die Frau nach dem Gesetz töten, aber die Erde trägt alles Durchchristete in ihrer Lebendigkeit. Was sie in ihrer Lebenskraft bewahrt, bleibt lebendig und kann für ein höheres Leben ausgeglichen werden. Dann bekommt auch die Erde eine höhere Lebenskraft. Ebenso wird die Sündenkrankheit, die Trennung von Gott, geheilt, wo die Erde geheilt, geheiligt wird.

Wir können uns noch fragen, wer das liest, was Christus in die Erde schreibt. Sind es die Engel, die das Schicksal der Frau und das der Pharisäer leiten? Es wird gleichzeitig für die hohen Wesen sein, die das Schicksal der ganzen Erde führen. Für das Bewusstsein aller göttlichen Wesen, die mit der Erde und der Menschheit verbunden sind, bewahrt Christus die Taten der Menschen, damit sie in der Zukunft zum Ausgleich geführt werden können.

VI Erweckung des Gewissens

Als Kinder haben wir manches getan, was wir nicht durften. Wir wussten, dass die Eltern es verboten hatten, und trotzdem taten wir es. Sofort, wie instinktiv, tauchte in uns das schlechte Gewissen auf. Es war von selbst da und machte uns bewusst: Das war falsch. Ein Kind erlebt das Gewissen unmittelbar, es kann es noch nicht zudecken oder beiseite schieben. Das Gewissen sagt uns deutlich, was recht ist und was unrecht ist. Wir tragen mit ihm einen inneren Maßstab in uns, aus dem heraus wir uns anschauen können.

Wollen wir uns äußerlich sehen, brauchen wir einen Spiegel. Wollen wir uns innerlich wahrnehmen, kann das Gewissen diese Funktion übernehmen. Aber oft verhängen wir diesen Spiegel und hören seine Stimme nicht. Wir lenken uns selbst von diesem tieferen Wissen ab. Wie viel bequemer ist es doch, wenn es schweigt und uns so lässt, wie wir sind. Denn es gibt ja auch die Seite in uns, die sich nicht verändern will, sondern zufrieden ist mit sich. Unbewusst findet die Seele Wege, auf denen das Gewissen von uns abgebogen werden kann. Wir ärgern uns zum Beispiel über etwas, was ein anderer Mensch tut, die eine oder andere Eigenschaft an ihm stört uns. Dabei merken wir nicht, dass das, was uns da zuwider ist, uns selbst betrifft. Ich bin es in Wirklichkeit selbst, was mich ärgert, sonst würde es mich gar nicht treffen, sondern ich könnte es in Ruhe anschauen. Es erregt mich nur, weil es meine eigene Schwäche ist, die ich aber nicht wahrhaben will. – Schon Adam wollte die Schuld der verbotenen Frucht auf Eva abwälzen. Als er im Oberuferer Paradeisspiel von Gott zur Rechenschaft gezogen wird, weist er auf Eva, sie habe ihn verführt. Eva gibt ihrerseits die Schuld an die Schlange weiter. – Es ist eine Illusion, in der wir uns gerne wiegen, dass wir gut seien. Jeder trägt die Möglichkeit zu allem Bösen in sich. Goethe hat es einmal ausgesprochen: »Ich trage die Möglichkeit zu jedem Verbrechen in mir.« So ist die Anklage, die ich gegen einen anderen erhebe, eigentlich so, dass ich sie gegen mich selbst richten müsste. Die Eigenschaften oder Verhaltensweisen können wir, wenn wir ehrlich gegen uns sind, leicht erkennen. Hat der andere aber ein Verbrechen begangen, das wir verurteilen, müssen wir nicht dasselbe getan haben. Aber die Möglichkeit dazu liegt in uns und zeigt sich vielleicht auf einer anderen Ebene und in einem ganz anderen Zusammenhang. Es ist aber dieselbe Schwäche.

Wir können es uns an den Pharisäern klar machen, die die Ehebrecherin anklagen. Es ist anzunehmen, dass sie ihre eigene Ehe nicht gebrochen haben. Aber wo haben sie eine andere Verbindung gebrochen? Wo haben sie die eine Beziehung zugunsten einer anderen abgebrochen? Außer ihrem persönlichen Verhalten unterliegen sie genauso wie jeder Mensch den Folgen des Sündenfalles und sind aus der Beziehung zur göttlichen Welt herausgefallen. Sie meinen, mit den Gesetzen das Göttliche in der Hand zu haben, und merken nicht, wie diese erstarrt und irdisch geworden sind. Sie dienen dem Irdisch-Verfestigten. Bevor sie ein Recht darauf haben, die Verurteilung in die Tat der Bestrafung umzusetzen, müssen sie ihre eigenen Fehler erkennen. Christus weist sie auf ihre Sündhaftigkeit hin (Joh. 8, 7–9). Nur wer ohne Sünde ist, darf Steine aufheben zur Steinigung. Das heißt dann sogar, dass niemand strafen darf, weil niemand sündenfrei ist. Die Anklage fällt auf sie selbst zurück – und in dem Moment spricht ihr eigenes Gewissen. In der Zurückweisung durch Christus erwacht ihre innere Stimme, denn vor Ihm können sie sie nicht länger verdecken und auf einen anderen ablenken. Wo uns Sein Bild trifft, können wir nicht anders, als uns auf uns selbst zu besinnen.

Die Menschheit ist heute in der Gefahr, das Gewissen zu verlieren. Es wird nicht nur abgelenkt, sondern es schweigt. Wie oft geschieht es, dass ein Verbrecher keine Reue über seine Tat empfindet! Sein Inneres ist erstorben. Dadurch können böse Mächte in ihn einziehen, und manch ein Angeklagter bekennt vor Gericht, er sei von etwas Fremdem in sich getrieben worden und nicht bei sich gewesen.

Das Gewissen, das im Inneren des Menschen spricht, hat sich im Laufe der Menschheitsentwicklung erst gebildet. In alten Zeiten trat es dem Menschen von außen entgegen, die Griechen erlebten es in den Furien, von denen sie nach einer Schuld bedrängt und bestraft wurden. Für die Juden war es das Gesetz, der strafende Gott. Mit der Bildung des Ich-Bewusstseins zog es nach innen. Der Mensch lernte, sich selbst anzuschauen und aus sich zu sagen, was er zu tun hat und wie er Schlechtes ausgleichen kann. Das Gewissen ist eine Fähigkeit des Ich – und wird das Ich schwach, erstirbt das Gewissen.

Dabei gibt es nicht nur das schlechte Gewissen; das wird uns nur bewusster. Wir kennen auch das gute Gewissen, wenn etwas in Ordnung ist. Wir leben ja nicht in ständiger Selbstanklage.

Es ist nicht gleich das ganz Eigene, was zu uns spricht; das Kind übernimmt es zunächst von seiner Umwelt. Was Eltern und Lehrer für schlecht halten, ist auch für das Kind schlecht. Langsam nur wird das Gewissen anerzogen und hängt von der jeweiligen Kultur, dem Volk, dem Stadium der Menschheitsentwicklung ab. Die Anschauung von Gut und Böse ändert sich mit der Zeit, und damit ändern sich auch die Motive für das Gewissen. Es wirkt noch von außen. Die Kraft, selbst zum Menschen sprechen zu können, kommt aber von innen, das eigene Gewissen spricht aus dem Ich. Angestoßen wird es im Zusammenleben mit anderen Menschen oder in der Hinwendung zur göttlichen Welt. Es betrifft das Verhältnis des Ich zur Umwelt, nicht nur im äußeren Leben, sondern auch geistig, wenn aus dem Ich die Frage auftaucht: Wie verhalte ich mich in der Welt? In dieser Frage von innen her ist der Mensch frei, alle Motive hingegen, die von außen kommen, lassen nicht frei. Aus dem Ich heraus kommt es darauf an, was der Mensch selbst für sein Verhalten entscheidet. Und was er dann tut und wie er es mit Hilfe seiner inneren

Einstellung vollbringt, wirkt dann wieder in die Umwelt hinein. Das Gewissen als Stimme des Ich steht immer in Beziehung zur Welt, der Mensch bleibt nicht abgeschlossen in sich.

Das können wir auch aus dem Wort selbst schon ablesen. Die Vorsilbe »ge-« heißt so viel wie »mit«. Das Gewissen ist ein Mit-Wissen, ein tiefes Wissen. Womit? Mit wem? Im Griechischen heißt es συνείδεσις – das Zusammen-Sehen, Zusammen-Bewahren. Ist der Mensch dann im Gewissen nicht allein im Ich? Er hat offenbar einen Mit-Wisser und sieht mit einem anderen zusammen auf sich. Da erleben wir wieder die Tatsache des höheren und niederen Ich. Das höhere göttliche Ich unseres Wesens schaut auf das niedere, das im Erdenleben wirkt. Es ist mit dem Ich-Bin verbunden, mit Christus. Er sieht durch unser göttliches das wahre Wesen, das, was für den Menschen wahr ist. Und wo der Mensch dem zuwider handelt, beginnt er zu sprechen. Er weckt das Bewusstsein. Dabei lässt er den Menschen ganz frei, denn er spricht aus dem Ich und nicht von außen. Durch Christus ist das Gewissen auch ein reiner Spiegel, denn er spricht aus Selbstlosigkeit. Dieses Gewissen sucht keine eigenen Vorurteile oder Beschönigungen, sondern die Wahrheit, auch wenn es weh tut. – In jedem höheren Ich lebt der Christus, auch wenn der Mensch seinen Namen gar nicht kennt und nichts von ihm weiß auf der Erde. Das Gewissen ist frei vom äußeren Bekenntnis.

Was geschieht nun, wenn die Pharisäer dem Christus begegnen? Sie gehen zu ihm und fordern ihn auf, über die Frau zu richten. Durch seine Antwort: »Wer ohne Sünde ist« erleben sie ihn in ihrem eigenen Gewissen. Sie können nicht mehr anders, als ihre Anklage zurückzuziehen. Sie müssen erst mit sich selbst ins Reine kommen. Damit ist noch keine Vergebung erreicht, aber ein erster Schritt dazu, der als Vorbereitung notwendig ist. Denn erst, wenn wir uns selbst anschauen und beurteilen können und auch bereit sind, uns zu ändern, können wir dem anderen vergeben. Ohne Gewissen haben wir kein Bewusstsein von der Sünde und können den anderen nicht verstehen.

Noch etwas müssen wir hinzunehmen. Im Allgemeinen spricht das Gewissen *nach* einer Tat, denn es schaut auf Vergangenes. Um im Augenblick des Handelns direkt auf das Gewissen zu achten, ist ein besonders waches Bewusstsein notwendig, denn es spricht ja sofort. Und deutlicher als wir meinen, wissen wir schon, während wir etwas tun, ob es gut ist oder nicht. Könnten wir die Geistesgegenwart stärker ergreifen, würde es uns schneller bewusst.

Noch mehr können wir das Gewissen fassen, wenn wir es vor einer Tat beachten. Wir überlegen ja meistens vorher, was wir wollen. Da möchte der, der mehr weiß als unser Erdenverstand, mitsprechen. Manchmal gelingt es uns, in einem Augenblick der Ruhe auf ihn zu hören. Dann können wir mit innerer Sicherheit unser Wollen ausführen, das dann nicht mehr instinktiv auftritt, sondern aus unserem wachen Ich heraus gesteuert wird.

Aus dem, was wir selbst durch unser Gewissen erleben, können wir auch auf den anderen Menschen schauen. Wir machen uns bewusst, dass der andere ebenso seinen »Mitwisser« in sich trägt wie wir selbst. Dann stärken wir auch in ihm die vorausschauende Seite und helfen ihm, seine Taten schon vorher zu erkennen. So ist das Gewissen eine soziale Fähigkeit, indem es den Einzelnen durch seine Taten in die Gemeinschaft eingliedert.

47

VII Verantwortung in der Gemeinschaft

Der Mensch lebt nicht allein. Es steht immer im Zusammenhang mit anderen Menschen und ist von ihnen abhängig. Auch in der stärksten Zurückgezogenheit ist er auf andere angewiesen. Er wäre gar nicht auf der Erde, wenn seine Eltern ihn nicht in das Leben hinein geleitet hätten, schicksalsmäßig gehört er zu ihnen und zu anderen Menschen. Es gibt vielfältigste Schicksalsbeziehungen, oft auch zu Menschen, mit denen wir äußerlich gar nicht viel zu tun haben, denn jedes Individuum steht innerhalb eines Schicksalskreises.

Eine besonders starke Bindung besteht oft zu demjenigen, den wir ablehnen und von dem wir nichts wissen wollen. Da ist eine Begebenheit, die wir schon in dieses Erdenleben mit hineinbringen, nicht zu Ende gelebt oder ausgeglichen worden, sodass sich unbewusst etwas weiterträgt. Besonders aber hat das Verhalten von Menschen auf Kinder eine große Bedeutung: Müssen sie zum Beispiel Jähzorn miterleben, kann das bis zu körperlichen Schäden führen. Angst hinterlässt Spuren, die das ganze weitere Leben und damit das Schicksal prägen.

Alles Verhalten eines Menschen wirkt auf andere weiter. Es kann äußerlich sogar sehr weit auseinander liegen: Was einer denkt und in einem Buch niederschreibt, wird von anderen gelesen und kann bei dem einen oder anderen zu neuen Erkenntnissen führen und Impulse auslösen, die sein ganzes Leben ändern. Da hat der Schreibende in das Schicksal des anderen herein gewirkt, ohne dass eine direkte Begegnung stattgefunden hat. – Aber unser Verhalten wirkt auch unmittelbar auf andere, ohne dass es uns gleich bewusst wird. Wir sind manchmal überrascht, wenn wir erfahren, vielleicht viel später, wie etwas, was wir gesagt haben, von einem anderen aufgenommen wurde. Manches war eine Hilfe, anderes hat verletzt, ohne dass wir es wollten. Es kann sogar dieselbe Aussage sein, die den einen trifft und den anderen aufrichtet. Wir haben es nicht allein in der Hand, weil die Wirkung auch von der Art und der Stimmung des anderen abhängt. Das zeigt aber, wie vielschichtig wir untereinander verbunden sind. – Der in Einsamkeit Lebende wirkt ebenso auf andere wie der, der mit vielen Menschen zu tun hat.

Es wird uns deutlich, welche Verantwortung wir in all unserem Tun haben. Was aber heißt Verantwortung praktisch? Es kann nicht darum gehen, es immer jedem recht machen zu wollen und niemanden zu verletzen. Wahrhaftig sind wir nur, wenn wir aus dem eigenen Gewissen, aus unserem Ich heraus, versuchen zu leben. Wir haben gesehen, dass das höhere Ich nicht egoistisch einen Eigenwillen durchsetzen will; es sieht den anderen, ohne sich selbst dabei zu verleugnen. Es ist unser geistiges Ich-Bewusstsein, das wir in die Welt einfügen. Das ist die Verantwortung aus dem Ich.

Nun fragen wir uns, wie wir uns aus dem Ich heraus verhalten können. Indem wir einem anderen einfach in dem, was er will, nachgeben, nur damit kein Unfriede entsteht, kann es sein, dass wir uns selbst verlieren. Regen wir uns aber auf und ärgern uns über den anderen, verdecken wir unser Ich mit eigenen Stimmungen, denn durch unsere seelischen Emotionen nehmen wir es nicht mehr wahr. Und sobald wir den anderen anklagen und verurteilen, stellen wir uns über ihn. Wir halten uns dann für besser als den Mitmenschen und ziehen unser Ich in den Egoismus herab. In allen drei Haltungen wirken wir nicht aus unserem höheren Ich und damit nicht in der Verantwortung für den anderen. Wir merken immer wieder, wie schwer es ist, da heranzukommen. Wir wollen im täglichen Leben viel mehr unser niederes Ich verwirklichen und behaupten. Dadurch ist unser Leben in Gemeinschaften so schwer. Greifen wir nicht ein in schwierigen Situationen, sondern lassen sie laufen, indem wir nachgeben, geschieht nichts. Im Extremfall lösen wir uns ganz heraus, um nichts damit zu tun zu haben, und verhindern so eine gemeinsame Arbeit an den Problemen. Im Ärger behaupten wir nur uns selbst und erreichen den anderen gar nicht, und geben wir, im dritten Fall, dem anderen beständig die Schuld, trennen wir auch ihn aus der Gemeinschaft heraus. Früher wurde ein solcher Mensch öffentlich an den Pranger gestellt, das heißt: ausgestoßen.

Es gilt, zu einem rechten Urteil zu kommen, frei von Passivität und Resignation, frei von Emotion, frei von Verurteilung – ganz wach im eigenen Ich und gleichzeitig ganz selbstlos. Dann können wir den anderen so wahrnehmen, wie er ist. Wir haben schon gesehen, wie wir aus dem eigenen höheren Ich an das Höhere des anderen herankommen. Wenn wir so den Menschen sehen in seiner Wahrheit, stehen wir auf gleicher Stufe: Ich und Ich. Der andere fühlt sich angenommen und wir selbst lernen, mit den Fehlern des anderen zu leben. Unser eigenes Verhalten ändert sich, unsere eigenen Schwächen korrigieren sich am anderen. So werden nicht mehr so viele negative Strömungen von uns ausgehen und wir stehen positiv inmitten einer Gemeinschaft.

In der Geschichte der Ehebrecherin (Joh. 8) nehmen die Pharisäer ihre Anklage gegen die Frau zurück. In ihrem Gewissen sehen sie ihre eigenen Fehler und Sünden und stehen damit nicht mehr über ihr. Sie entlassen sie aus der Verurteilung, ziehen sich selbst zurück und geben ihre Position auf. Für diese Situation werden sie passiv. Normalerweise würde jetzt nichts mehr geschehen, alles bliebe offen. Aber Christus ist anwesend, und er stellt die Angeklagte neu in die Gemeinschaft herein.

Es heißt: Die Frau blieb in der Mitte stehen (Joh. 8, 8–10). In welcher Mitte? Steht das Volk noch im Kreis um sie herum? Jeder Mensch lebt in der Mitte seines Umkreises, er hat seinen eigenen Horizont um sich. Er dreht sich von seinem Ort aus nach allen Seiten und sieht von da aus die Welt. Jemand neben mir hat schon einen anderen Standpunkt, für ihn hat sich die Welt verändert. Das betrifft unser äußeres und gleichzeitig unser inneres Leben. Jeder hat auch geistig seinen Standpunkt und den

Umkreis, den er erreichen kann. Die Mitte ist er selbst, sein eigenes Wesen. In sich selbst, in all den vielen Seelenregungen, ist das Ich unser Zentrum. – So steht die Frau in der Mitte ihres Selbst, ihr Ich wird wahrnehmbar. Der Christus, aus seinem Ich, schaut es an. Er macht es ihr bewusst. Christus und die Frau schauen sich an, von Ich zu Ich. Dazu hat sich Christus wieder aufgerichtet, von der Hinwendung zur Erde zur Haltung des Menschen in der Aufrechte. Zum Anschauen stehen sich beide gegenüber – beide sind gleich im Gegenüberstehen.

Wir können uns eine ideale Gemeinschaft denken, in der keiner eine besondere Stellung beansprucht. Niemand steht dadurch, dass er mehr weiß oder etwas besser kann, über einem anderen. Wo niemand den anderen kritisiert, kann sich keiner zurückgedrängt fühlen. Alle stehen gleichwertig nebeneinander, jeder in seiner besonderen Eigenart. Anklage und Angeklagt-Sein sind dann aufgehoben, denn beide Parteien stehen innerhalb des selben Kreises. – Das wird nur möglich, wenn alle auf einen gemeinsamen Mittelpunkt schauen. Alle arbeiten gemeinsam an einem Problem und jeder trägt seinen Teil dazu bei.

In Köln hängt ein wunderbares Pfingstbild eines westfälischen Meisters von 1380, auf dem eine solche Gemeinschaft dargestellt ist: Die Jünger sitzen im Kreis um einen runden Tisch. Niemand hat einen Vorsitz. Alle richten sich zur Mitte des Tisches. Dort ist der Platz für eine Hostie eingezeichnet, zu der jeder eine Beziehung hat, die durch eine Linie, einen Strahl gekennzeichnet ist. Jeder wendet sein Bewusstsein der Hostie, dem Christus zu, und die Hostie selbst wird von einer Taube aus der Höhe herab getragen. Mit ihr wird die Christuskraft in den Jüngerkreis hereingebracht. »Er tritt in ihre Mitte.« Christus lebt in der Mitte jedes Einzelnen und gleichzeitig in ihrer aller Mitte.

In einer künftigen Gemeinschaft, vom Pfingsterleben beseelt, gingen die Pharisäer nicht fort, sondern gäben lediglich ihre Sonderstellung als Ankläger auf. Gemeinsam mit der Ehebrecherin, im Blick auf den Christus, würden sie eine Lösung suchen – und würden somit zu Verantwortungsträgern innerhalb der Gemeinschaft.

VIII »Sündige von jetzt an nicht mehr«

Durch das Zurücknehmen der Anklage ist ein Freiraum geschaffen worden. Ein Mensch wird vom anderen freigelassen. Im äußeren Leben kann er dann zu sich selbst kommen. Noch tiefer greift es im Inneren. Jede Beurteilung, besonders aber jede Ver-Urteilung engt ein und hält am Vergangenen fest. Wird sie zurückgenommen, fühlt der andere sich von inneren Fesseln befreit und sein Eigenes kann sich wieder rühren – er kann sich selbst in diesem Freiraum finden.

Er kann auch noch einen Schritt weitergehen und sich selbst befreien von seinen eigenen Hemmnissen, kann sich bemühen, seine Trägheit zu überwinden oder aus einer Über-Aktivität zur Ruhe zu kommen. Wünsche und Begierden können zurückgestellt werden. Dann wird sein Inneres frei von seelischen Einflüssen. Was findet er dann in sich? Was lebt in diesem frei gewordenen Inneren? Zunächst wird sich der Mensch nur leer fühlen. Wir sagen dann oft, er falle »in ein Loch«.

So gibt es Schilderungen von Menschen, die zum Tode verurteilt waren und in letzter Minute begnadigt wurden. Der Verurteilte hatte sich auf den Tod eingestellt und mit seinem Leben abgeschlossen, hatte keine Impulse mehr, auf der Erde noch etwas zu tun. Vielleicht überschaute er schon anfänglich seine Taten. Jetzt soll er plötzlich wieder im Leben stehen und es von sich aus ergreifen. Da ist es leer in ihm, er hat nichts. – Manche kennen dieses Erlebnis nach einer schweren Krankheit, die sie in Todesnähe gebracht hat. Der Tod hätte die Loslösung von allem Irdischen gebracht. Jetzt bedarf es eines neuen Inhalts für das

Leben. Falls wir den bisherigen Weg einfach fortsetzen wollen, haben wir den Sinn der Krankheit nicht erfasst. Was aber neu werden will, zeigt sich noch nicht. Der Durchgang durch eine Leere ist notwendig, damit wir uns für etwas Neues öffnen können. Das möchte größer sein und von höherer Kraft erfüllt sein als das, was vorher war.

Die Ehebrecherin war in höchster Todesgefahr. Sie hatte sich nicht gewehrt, denn sie kannte das Gesetz und musste es anerkennen. Sie wusste, welche Strafe auf ihre Tat folgte, und so hatte sie den Tod angenommen. Jetzt erlebte sie, dass die Ankläger sich zurückzogen und sie freigegeben wurde. Nur dem einen Richter stand sie noch gegenüber, zu dem man sie gebracht hatte. Und auch der verurteilte sie nicht. Er sah die Lähmung in ihrem Inneren, die in Todesnähe eintritt und nichts mehr vom Leben erwartet. »Geh«, ist das Erste, was Christus der Frau sagt. Sei aktiv, tu wieder Schritte in ein neues Leben. Setze Schritt vor Schritt, mache Fort-Schritte. Denn gehen heißt: viele Schritte machen und jeder bringt uns ein Stück weiter in das, was vor uns liegt, in unsere Zukunft hinein. Gehe auf eine neue Zukunft zu.

Dahinter steht, unausgesprochen, dass Christus selbst der Weg ist, den sie beschreiten kann. »Ich bin der Weg.« Er gibt ihr den Anstoß zu gehen und ist selbst der Boden, den sie betritt, Richtung und Weg, auf dem sie gehen kann. In den Boden, in die Erde, hat er ihre Tat eingeschrieben. Diese ist nicht vergessen, aber Christus hält sie jetzt nicht daran fest, sondern gibt sie frei, damit sie neu leben kann. Er ergreift die Gegenwart und setzt da an, wo der Mensch im Augenblick steht. Mit Ihm kann der Mensch gehen, jeden Schritt mit und zu Ihm tun. Die Richtung, die er zeigt, ist das Finden seines Wesens. Er lebt in uns in der Gegenwart, in der wir tätig sind aus unserem eigenen Ich, als innere Kraft, die uns erfüllt. So verwandelt er das Gesetz, das Vergangenes ausgleichen will, durch eine neue Richtung in Künftiges.

Der neue Lebensinhalt heißt »Sündige von jetzt an nicht mehr«. Für das äußere Leben ist das eine Forderung, die niemand einhalten kann. Wir unterliegen alle der Sündenkrankheit und brauchen sogar unsere Fehler, um daran zu wachsen. Christus spricht aber zu dem Ich des Menschen, das er direkt anschaut. Alles Äußere wird seine Folgen haben, denn der Mensch geht auf dem Boden, in den seine Taten eingeschrieben sind. Das Ich aber kann aus seinem Freiraum heraus immer neu beginnen, es hat den Christus in der Begegnung mit ihm aufgenommen und durchdringt sich mit ihm, wenn es angeschaut wird. Mit ihm kann es als Ziel des Weges verbunden bleiben. In diesem Bereich ist das Ich nicht mehr abgesondert von der göttlichen Welt wie im Sündenfall. Das Ich, das selbstständig geworden ist und sich mit Christus vereint, muss auch nicht mehr herausfallen, denn es kann Ihn ständig neu wollen und erleben. Hat es Ihn einmal gefunden, kann es sich Ihm auch jederzeit neu öffnen – wenn der Mensch das will. Der Wille zu Ihm wird angesprochen in dem »Sündige nicht mehr«.

In der Menschenweihehandlung heißt es: »Wir möchten vor Dir die Sünde besiegen.« »Wir möchten« ist noch vorsichtiger, als wenn es hieße »wir wollen«. In dem Wollen ist der Entschluss, es auch zu tun, bereits mit enthalten. Das »Möchten« ist das Aufkeimen dieses Willens.

Wir werden von Christus in unserem Willen angeschaut. Er sieht, was werden will und wir können dieses Angeschaut-Werden, das den Willen weckt, fühlen. »Vor Dir« möchten wir, vor Ihm können wir wollen. Wir können es nur durch Ihn.

Aber was tun wir, um die Sünde zu besiegen? Es ist eine andere Nuance als »sündige nicht mehr«. Da stand im Vordergrund, nicht mehr aus dem Christus herauszufallen. Hier geht es um die aktive Kraft, die wir im Augenblick aufrufen können, um das Bemühen, die eigenen Schwächen zu überwinden und das, was uns immer herab zieht, beherrschen zu lernen. Der höchste Sieg ist der des Christus über den Tod. Er entringt dem Tod das neue Leben. Alle Sünde führt in den Tod, das heißt, dass das Göttliche in uns erstirbt. Diesen Tod können wir durch das Leben mit Christus besiegen, denn Christus in uns ist das göttliche Leben. Für den Menschen hat er den Tod, das heißt, die Sünde besiegt, denn er selbst ist ohne Sünde, ist nicht durch den Sündenfall gegangen.

Auch während seines Erdenlebens weiß er, dass er eins ist mit dem Vater. Da kann er gar nicht sündigen, sich von Gott, lösen. Christus in mir, im Ich, ist ohne Sünde. Er weckt im Menschen das, was sündlos ist. Nur so kann es der Mensch annehmen, wenn ihm gesagt wird: »Sündige nicht mehr«.

Christus fordert damit den Menschen auf, den Sündenfall zu überwinden. Das niedere Wesen des Menschen hatte sich aus dem Göttlichen gelöst, das niedere Ich von dem höheren Ich getrennt. Die erste Schöpfung entstand aus der Trennung vom Göttlichen. Christus zeigt den Weg der Vereinigung, denn mit dem Christentum beginnt die zweite Schöpfung, das Schaffen einer neuen Einheit, an der der Mensch aktiven Anteil hat. Nur der Mensch kann bewusst in Christus leben und aus ihm handeln. Christus ist der Heiler von der Sündenkrankheit, das ist seine Gnade. Und wir können seine Gnade als Antwort auf das erleben, was wir selbst aus eigener Bemühung zu tun in der Lage sind.

Auf dem Weg mit Christus wird der Mensch neu in die Menschengemeinschaft hereingestellt. Er wird wieder ein Glied der Menschheit und ist nicht länger durch sein Fehlverhalten ausgestoßen. Seine Verwandlung in den Christus wirkt stärker als seine Schwächen. – Auch wir können den anderen, wenn wir ihm begegnen, nicht mehr ausschließen aus der Gemeinschaft. Selbst ein Verbrecher gehört zur Menschheit. Wollen wir Christus nahe sein, fragen wir uns: Was hätte Er getan? Und wir können dem anderen innerlich zusprechen: Sündige nicht mehr. Wir denken an den Christus in ihm, der auch für ihn gestorben ist, um neues Leben zu wecken. So stärken wir sein Göttliches. Wo es im Bereich unserer Möglichkeiten steht, können wir nach Lösungen suchen, die dem Schuldigen eine neue Zukunft eröffnen.

IX Bitte um Schuldenvergebung im Vaterunser

Wir leben mit anderen Menschen zusammen auf der Erde. Ungewollt oder bewusst sind wir miteinander verbunden, und diese grundlegende Seite alles menschlichen Lebens hat Christus in sein Gebet aufgenommen. Wir sprechen sie jedes Mal aus, wenn wir das Vaterunser beten. Denn mit allen Bitten meinen wir nicht nur uns selbst, sondern beziehen alle anderen Menschen in dem »uns« mit ein. Das können Einzelne sein, an die wir denken, es kann auch allgemeiner gefühlt werden. In der fünften Bitte, der Bitte um Vergebung, wird es am deutlichsten, wie wir miteinander umgehen können. Sie enthält zwei Seiten: einmal die Bitte für uns selbst und dann unser Verhalten anderen gegenüber. Der erste Teil sagt aus, dass wir schuldig sind, alle, dass wir gar nicht leben können, ohne schuldig zu werden. Die Bitte um Vergebung hat also ihre Vorbedingung. Alle anderen Bitten im Vaterunser gelten dagegen direkt. In der Frage nach Sünde und Schuld aber müssen wir selbst etwas dazu tun. Der erste Schritt muss vom Menschen ausgehen. Und wie oft müssen wir uns beschämt eingestehen, dass wir diese Vorbedingung nicht erfüllen. Wir sind nicht bereit, sie zu verwirklichen, und in dem einen oder anderen Fall wollen wir es auch gar nicht.

Bevor wir weiter darauf eingehen, müssen wir die Begriffe Sünde und Schuld klären. Über die Sünde haben wir im zweiten Kapitel schon gesprochen, als Sündenkrankheit: Durch die Absonderung aus der Gottheit ist unser ganzes Leben sündig geworden. Das Wort »Schuld« – griechisch ὀφείλω – meint mehr die menschlich-tätige Seite. Aus der allgemeinen Sündhaftigkeit hat der Mensch seine Schwächen, seine Einseitigkeiten. Daraus wird er persönlich schuldig. Vieles macht er falsch, vieles versäumt er. Das Wort umfasst eine große Spannweite, es können beispielsweise auch finanzielle Schulden sein. Was ich dem anderen schuldig bin, muss aber nicht nur Geld sein, es kann sich auch um eine Tat handeln. Er hat mir vielleicht etwas geschenkt und ich bin ihm jetzt eine Gegengabe schuldig. Mir selbst gegenüber bin ich schuldig, zum Beispiel die Wahrheit zu sagen. Ich fühle mich dazu verpflichtet, weil ich sonst mir und dem anderen schade. Auf einer anderen Ebene schulde ich dem ganzen Leben meinen vollen Einsatz. Es geht bis zu dem Empfinden, was Gott von mir erwartet. In jedem Moment meines Lebens bin ich selbst verantwortlich, die Schuld gehört in mein persönliches Schicksal. – Sündig dagegen sind wir der ganzen Schöpfung gegenüber, ohne es ändern zu können. Mit jedem Schritt töten wir Lebewesen; mit jedem Atemzug vergiften wir die Luft; für unsere Ernährung müssen wir Pflanzen und Tiere zerstören. Im menschlichen Umkreis können wir nie allen Ansprüchen gerecht werden, wir nehmen immer einem anderen etwas fort. Wir können nicht leben, ohne anderen weh zu tun. Wenn wir Sünde und Schuld unterscheiden, sprechen wir einmal die allgemeine, dann die persönliche Seite an.

Im Lukas-Evangelium wird die Übergabe des Vaterunser an die Jünger am Anfang des 11. Kapitels berichtet. Da heißt es, aus dem Griechischen übersetzt: Vergib uns unsere Sünden (ἁμαρτία), wie wir vergeben allen, die uns schuldig (ὀφείλω) sind. Lukas meint die Sündenkrankheit. Anfänglich können wir sie überwinden, wenn wir persönliche Schuld vergeben. – Matthäus aber nimmt beide Male das Wort Schuld (Mt. 6, 12), das individuelle, an dem wir selbst arbeiten können. Diese mehr Ich-hafte Seite wurde in das Gebet der Christenheit aufgenommen.

Was hat die Ehebrecherin in Joh. 8 getan? Ein Ehebruch ist die Tat des Menschen, er nimmt eine Schuld auf sich. Dem Menschen gegenüber, mit dem er sich verbunden hatte, wird er un-

Michelangelo, *Sündenfall*,
Sixtinische Kapelle

treu, indem er sich einem anderen zuwendet. (Eine Ehescheidung, die von beiden Seiten gewollt wird, hat eine andere Nuance.) Ein Ehe-Bruch bleibt auch bei allen berechtigten Situationen eine Schuld, die dem Karma für einen späteren Ausgleich eingeschrieben wird. Christus hat nun aber nicht zu der Frau gesagt: Werde nicht mehr schuldig, sondern: »Sündige nicht mehr«. Das heißt: Suche aus deinem Ich die Verbindung mit Christus in dir, und falle nicht weiter in die Sonderung.

Was hieße es, wenn er gesagt hätte: Werde nicht mehr schuldig? Wir müssen uns noch tiefer mit der Schuld beschäftigen. Eine Schuld muss dem Menschen bewusst werden, damit er beginnen kann, daran zu arbeiten. Schuldbewusstsein entsteht sehr schnell aus dem Gewissen heraus. Ein Kind senkt schuldbewusst den Kopf, wenn es beim Naschen ertappt wird. Das schlechte Gewissen meldet sich und Schamröte überzieht das Gesicht. Das Gewissen im Inneren weckt das Schuldbewusstsein und in diesem Bewusstsein von Schuld erleben wir uns selbst im Verhältnis zur Umwelt. Diese innere Stimme stellt uns in die Welt hinein.

Der Umgang mit dem Schuldbewusstsein ist nicht selbstverständlich. Wenn es zu stark ist, beziehe ich alles, was geschieht, auf mich selbst. Ich fühle mich dann schuldig an der Tat eines anderen, weil ich sie nicht verhindert habe. Eine Mutter sagt vielleicht: Durch meine falsche Erziehung hat mein Kind eine schlechte Eigenschaft. Alles, was ich mache, erscheint falsch, ich habe das Gefühl, in allen Belangen versagt zu haben und das Resultat ist eine Depression. Ein solcher Mensch fühlt zu stark seine Gebundenheit an das Erdensein. – Im religiösen Leben wird diese Seite oft in den Vordergrund gestellt. Aus der Zerknirschung über sich selbst soll der Mensch Gott um Gnade bitten.

Die andere Gefahr ist die, dass der Mensch mit seiner Schuld nichts zu tun haben will. Durch Verleugnung einer Tat versucht er, sich heraus zu halten. Vielleicht begeht er Fahrerflucht und will sich nicht stellen. Darüber hinaus kann er – wie bei dem zu starken Schuldbewusstsein, in dem er sich für etwas, das ihn nicht meint, betroffen fühlt – sich unschuldig fühlen an dem, was andere tun. Die Schuld seines Volkes geht ihn nichts an, meint er. Er hat ja auch äußerlich meist nichts von dem getan, was ein Volk oder eine Menschengruppe belastet. Vielleicht hat er zu der Zeit, als die Verbrechen begangen wurden, noch gar nicht gelebt. Und doch ist jeder Deutsche auf gewisse Weise mit einbezogen in das, was im Dritten Reich geschah. Ebenso ist seit jeher und bis in die Gegenwart im Namen des Christentums viel Böses getan worden. Jeder einzelne Christ ist daran mit beteiligt als Glied des Ganzen. Er ist mitverantwortlich dafür.

Durch die Schulden sind wir viel direkter miteinander verbunden als durch das Sündig-Sein, das unser Verhältnis zur Gotteswelt als ganze Menschheit betrifft. Mit unseren Erdentaten gehören wir zusammen – und auch wenn jeder für sich selbst einstehen muss, steht dennoch jeder auch für die anderen.

Sind wir mitverantwortlich für die Schulden anderer und größerer Zusammenhänge, dann sollen wir sie auch mittragen, und unsere Aufgabe ist es, an ihrem Ausgleich mitzuarbeiten. – Was geschehen ist, können wir nicht rückgängig machen, denen zum Beispiel, die als Ketzer verbrannt wurden im Namen Christi, können wir nicht mehr helfen. Aber wir können versuchen, Menschen in unserem Umkreis zu verstehen, die ganz anders sind als wir, vielleicht einen anderen oder gar keinen Glauben haben. Treten wir ihnen mit Verständnis gegenüber, dann klagen wir sie nicht mehr als »Ketzer« an, dann sind sie keine »Schuldigen« mehr. Wir gleichen aus, was damals tragisch falsch gelaufen ist, und überall, wo wir nicht mehr verurteilen, stellen wir Positives neben das Schlechte. Jede gute Tat, auch an ganz anderer Stelle, stärkt die weiterführenden Kräfte und führt zu einem Gleichgewicht mit den schlechten, die die Entwicklung hemmen. Alles Gute in unserem Umkreis wirkt ebenso bis in die gesamte Menschheit wie alles Schlechte.

Wir können auch direkt an einer Schuld arbeiten. Nachdem wir ein Bewusstsein eigener Schulden gebildet haben, auf »unsere Schulden« geblickt haben, wenden wir uns denen zu, die uns etwas schuldig sind. Was tun wir da zum Ausgleich? Das Vaterunser spricht es aus: Es geht um die Vergebung. Zunächst meinen wir direkt »unsere Schuldiger«. Hat mir ein anderer etwas getan, mich verletzt, äußerlich oder innerlich, ist es ungeheuer schwer, ihm wirklich zu vergeben. Viel eher wollen wir uns rächen oder zumindest auf unser Recht bestehen, dass uns nun geholfen wird. In Gedanken können wir vielleicht schon bereit sein, es ihm nicht nachzutragen, aber im Inneren fühlen wir immer noch die schmerzende Verletzung. Wir können sie nicht einfach vergessen und darüber hinweggehen. In der Haltung, die Zeit heile alle Wunden, decken wir nur etwas darüber und bleiben passiv. Vergeben ist aber alles andere als Passivität. Wir müssen uns selbst und unseren eigenen Anspruch zurücknehmen, was mit einer großen Aufgabe verbunden ist. Gelingt uns dies, wenden wir uns ganz dem Schuldigen zu und stellen ihn in den Vordergrund. Vergeben können wir nur aus dem Einsatz unseres Ich.

Der Geschädigte, der etwas erlitten hat, macht den ersten Schritt. Er hilft dem Täter, der ja im Schicksal an seine Tat gebunden ist, durch die Folgen, die auf ihn zukommen. Die Vergebung löst diese Fessel, der Ausgleich seines Schicksals ändert sich durch unser Handeln. Das wirklich zu wollen, setzt eine große Selbstlosigkeit voraus. – Eine Hilfestellung, das Vergeben zu lernen, kann die Frage sein: Was kann ich selbst aus dieser Situation lernen? Gehört es auch in mein Schicksal, dass ich das erleide? Wir machen unsere wichtigen Erfahrungen ebenso aus den Fehlern anderer wie aus den eigenen, und wenn ich mir dessen bewusst bin, kann dies zu einer Erkenntnis führen: Indem ich mir veranschauliche, zu welchen Folgen die Schwächen und Fehler eines anderen führen können, kann ich selbst lernen, verantwortlicher mit meinen Mitmenschen umzugehen. Auf diese Weise nimmt mir der andere, unbewusst, etwas ab, was ich nicht durchleben muss. – Können wir das erkennen und uns entsprechend verhalten, nehmen wir damit dem anderen etwas von seiner Schuld ab. Er hat seine Tat dann auch begangen, um anderen die Augen zu öffnen.

Über das Verhältnis zu »unseren Schuldigern« hinaus blicken wir nun auf die größere Schuld eines Volkes oder der Christenheit, die wir mittragen. Wir sind an der Schuld, an ihrem Ausgleich beteiligt, und können nun sehen, dass wir die Schuld mit vergeben sollen. Was wir vollbringen, wenn wir einem einzelnen Menschen vergeben, sollen wir auch bei denen lernen, die uns nicht direkt verletzt haben. Das fordert eine noch größere Kraft des Vergebens. Versuchen wir uns hinein zu fühlen in diejenigen, die als Ketzer verurteilt wurden. Können wir für sie den Henkern vergeben? Können wir heute Entsprechendes tun? Das geht dann über unser eigenes Schicksal hinaus. Es fordert uns als Glied der Christenheit.

Wir spüren sehr bald, dass wir nicht aus uns allein heraus vergeben können, und nur aus Hochmut heraus könnte man meinen, wir könnten es. Da dürfen wir die Kraft des Christus in uns fühlen, der mit unserem Ich verbunden ist, denn er hat uns die Tat des Vergebens vorgelebt. Er hat seinen Schuldigern, die ihn gekreuzigt haben, vergeben, und ebenso hilft er auch uns, wenn wir es wollen. Er zeigt sogar, dass eine höhere Kraft notwendig ist, da auch er uns nicht aus sich selbst heraus vergibt, sondern seinen Vater bittet: »Vater, vergib ihnen, denn sie wissen nicht, was sie tun.« (Lk. 23, 34) Mit seinen Henkern vergibt er allen, die Schuld auf sich laden: Vergeben ist eine göttliche Tat.

All das, worum wir uns mit unseren beschränkten Möglichkeiten bemühen, wird von Christus aufgenommen, und seine erlösenden Kräfte wirken auch in Vergangenes und wandeln unschuldiges Leiden in Positives. Er greift auf, was von uns ausgeht, und trägt es in die Menschheit herein.

Und nun können wir sehen, dass wir sogar an den Folgen des Sündenfalles für die ganze Schöpfung mitarbeiten können. Den Sündenfall selbst können wir nicht vergeben, das übersteigt unser Maß. Aber an dem, was als Sünde bis in alle Naturreiche in die Welt hereingekommen ist, können wir ausgleichend wirken. Unsere Ehrfurcht zum Beispiel vor der Erhabenheit der Berge, ebenso vor dem kleinen Wurm im Apfel, verbindet die Geschöpfe mit Gefühlen, die mehr sind als ihr eigenes Sein. Und wenn wir ihnen danken für ihr Sein, zeigen wir ihnen ihren Sinn im Weltganzen. Die Erlösung der Natur gehört zu unseren Menschheitsaufgaben.

Die Absonderung des Menschen aus der göttlichen Welt ist Teil dieses Zusammenhangs. Er ist ihr unterworfen wie alle Schöpfung, der Unterschied zu den Naturreichen ist aber der, dass wir beginnen können, diese »Sünde« zu überwinden. Dafür ist Christus Mensch geworden, und wenn er zu der Ehebrecherin sagt »Sündige nicht mehr«, meint er diese umfassende Seite, nicht die eigenen Schulden. Für die Schulden dürfen wir um Vergebung bitten, soweit wir selbst vergeben können. Dass die Jünger noch weiter gehen und auch Sünden vergeben sollen, wird später noch Thema sein. Überall, wo Sünde und Schuld wirken, können wir Christus-Kräfte hineingeben und so Vergebung üben.

Wir können jetzt ermessen, was es heißt, wenn uns vergeben wird, wenn uns unsere Vergehen nicht angelastet werden. Welche Befreiung fühlen wir im menschlichen Bereich, wenn uns ein Fehler nicht ständig vorgehalten wird! Umso inbrünstiger bitten wir den Vater, uns zu vergeben, und wenn er vergibt, wandelt sich unser Schicksal. Er lässt Gnade walten, sodass der Ausgleich im Karma sich verändert. Da wirkt er mit dem Sohnesgott, dem Herrn des Schicksals, zusammen. Was Gott an uns tut, aus eigener Vorbereitung, können wir dann wieder an andere Menschen weitergeben. Das Vaterunser meint beide Seiten: uns als Schuldige und uns als Vergebende, denn sie bedingen sich gegenseitig.

X Das Aussprechen der Schuld im Sakrament

Wir haben uns mit dem Gewissen beschäftigt: Es ist die Stimme für das, was für uns recht und unrecht ist. Im Tiefsten wissen wir darum durch Christus in uns, unseren Mitwisser. Durch das Gewissen sind wir selbstständig im Umgang mit uns selbst und haben deshalb das Empfinden, mit unseren Nöten und Problemen allein fertig werden zu wollen. Obwohl wir aber selbstständige Menschen geworden sind, bedürfen wir eines Spiegels, der uns unsere Einseitigkeiten zeigt. Dafür finden wir den Christus als den, der uns anschaut, wie von außen. Christus in uns und Christus um uns lässt uns uns selbst erkennen.

Nun ist es ein Phänomen unserer Zeit, in der wir so stark auf unser Ich-Bewusstsein und unsere Selbstständigkeit pochen, dass immer mehr Menschen ein helfendes Gespräch suchen. Sie wollen alles selbst bewältigen, stoßen dabei aber immer wieder an ihre Grenzen. Zwischen dem Willen zur Selbstbestimmung und der Unfähigkeit im Umgang damit tun sich Abgründe auf, denn wir können das eigene Ich, das stärker geworden ist, noch nicht handhaben. Zu keiner Zeit hat es so viele psychotherapeutische Behandlungen gegeben wie heute. Die Menschen waren früher stärker einbezogen in die Umwelt und fanden in ihrer Arbeit zu sich. Das ist heute nicht mehr der Fall, da sich jeder intensiver mit sich selbst beschäftigt. Die Umwelt wird nicht mehr als helfend erlebt, sondern sie stört die eigene Entwicklung. Meistens beginnt die Störung schon in der Kindheit, wenn die Erwachsenen nicht genügend auf das Individuelle des Kindes eingehen können – und in der Folge werden Psychotherapeuten bemüht, um an die Ursachen einer inneren Hemmung heranzukommen. – Ebenso wie an der Umwelt liegen die Gründe für spätere Schwierigkeiten aber auch am Menschen selbst, wenn er sich außer Stande fühlt, das, was ihm begegnet, zu verarbeiten. Das eigene Unvermögen ist sogar viel maßgebender, doch wir müssen uns hüten, alle Schuld für eigenes Versagen zum Beispiel auf die Eltern zu schieben. Auch das muss in den Gesprächen mit Therapeuten thematisiert werden.

Dabei ist es wichtig, dass wirklich ein Gespräch entsteht. Oft ist einer der Belehrende, Wissende für das, was der andere erkennen soll. Ein echtes Gespräch meint aber mehr: Es ist eine ganz besondere Möglichkeit der Begegnung von Mensch zu Mensch. Beide sind gleichermaßen offen für den anderen und gehen auf ihn ein, um dann etwas Eigenes hereinzugeben. Es ist ein gegenseitiges Anhören und Sprechen. Wir nehmen auf, was der andere sagt, und geben dann etwas aus uns selbst dazu: ein Nehmen und Geben von beiden Seiten. Mit allen Urteilen, Vorurteilen nehmen wir uns ganz zurück, um offen zu sein für den anderen, um ihn wahrzunehmen, anzunehmen. Dann setzen wir unser Ich mit seinen eigenen Erfahrungen und Erkenntnissen ein.

In einem wirklichen Gespräch bedingen sich beide Seiten gegenseitig. Öffnet sich der eine ganz im hingebenden Hören, kann der andere sprechen und fühlt, dass er angenommen wird, ganz gleich, wie er ist. Sobald er sich verstanden fühlt, kann er aussprechen, was ihn bewegt. Am meisten wird es ihn drängen, Belastendes zu äußern, mit dem er nicht fertig wird. Er setzt es aus sich heraus und erlöst es davon, ständig in den Gedanken zu kreisen und die Gefühle zu bestimmen, denn wenn wir es einem anderen sagen, werden wir freier. – Es ist der gleiche Prozess wie im Schreiben, in dem wir etwas aus uns heraus lösen. Aber im Gespräch wird es durch den Spiegel des Hörenden objektiver. Was wir aufschreiben, kann immer noch in eigenen Vorstellungen stecken bleiben, denn vieles von uns sehen wir selbst nicht, weil wir uns zu nahe sind. Was zu dicht vor unseren Augen steht, können wir nicht erkennen, denn für alles Erkennen brauchen wir einen gewissen Abstand. Im Spiegel des anderen erscheinen unsere Vorstellungen in einem anderen Licht, sodass wir uns selbst daraus neu wahrnehmen können.

Aus dem Bedürfnis, mit anderen Menschen sprechen zu können, sind in den letzten Jahren für die verschiedensten Bereiche des Lebens Selbsthilfegruppen entstanden. Zuerst waren es solche für Menschen, die den Genuss von Alkohol nicht allein in die Hand bekamen. Inzwischen gibt es kaum noch Themen, zu denen sich nicht Gruppen formiert haben, um Hilfe Suchenden die Möglichkeit zu geben, über die Dinge, die sie bedrücken, zu reden. Da in der Gruppe jeder Einzelne aus eigenen Erlebnissen heraus verstehend zuhören kann, ist der Suchende mit seinen Problemen nicht mehr allein, denn der andere hat sie in ähnlicher Weise. Und die Menschen erleben es wohltätig, dass sie nicht beurteilt werden, noch weniger verurteilt. Das Ausgesprochene bleibt so stehen, wie es ist, meist auch ohne Erklärungen oder Ratschläge. Die Hilfe liegt im Aussprechen selbst, das angenommen wird.

Es muss aber auch Antworten geben können, denn zu einem wirklichen Gespräch gehört die Antwort des Hörenden. Aus der Art des Hörens entsteht auch die Art der Antwort: Wird sie aus einem Besserwissen gesprochen, stößt sie den Sprechenden zurück. »Ich weiß, was für dich richtig ist«, stülpt dem anderen etwas Fremdes über. Die Antwort kann aber auch wie aus dem anderen herauskommen; im Hören kann man sich so mit dem anderen verbinden, dass das Sprechen jetzt wie aus dessen Wesen entsteht. Wenn dies gelingt, kann der Hilfe Suchende aus dem Zuhören des anderen sogar selbst das finden, was er braucht. Im Hören bilden sich neue Gesichtspunkte, die vorher nicht greifbar waren, und der Zuhörer ist unter Umständen in der Lage, etwas zu entgegnen, was er bisher selbst nie gedacht hat. Es öffnen sich Möglichkeiten, die über beide Gesprächspartner hinaus gehen. Wir erleben dann vielleicht die Wahrheit des Christus-Wortes: »Wo zwei oder drei in meinem Namen versammelt sind, bin ich mitten unter ihnen.«

Für uns selbst schaffen wir es nicht immer, den Christus im eigenen Gewissen zu finden. Wir können nicht immer ohne

Weiteres gleich zu ihm sprechen, geschweige denn, eine Antwort finden. Da kann es eine Hilfe sein, das Gespräch im Sakrament zu suchen. Es gibt in der Christengemeinschaft das Sakrament des Beichtgespräches. Der Sprechende fühlt, dass ihm nicht nur der Priester als Mensch zuhört, sondern dass ein Dritter anwesend ist. Er spricht seine Nöte und Fragen vor dem aus, der ihn annimmt, der sein Wesen trotz seiner Verfehlungen bejaht. Christus bejaht jedes Ich – wer das versteht, kann auch sich selbst annehmen. So kann man sehen, was aus Fehlern gelernt werden soll, kann beginnen, sein Schicksal anzuerkennen, sogar das, was an Schwerem auf ihm lastet. Aus der Bejahung durch den Christus ist er nicht allein. Er weiß ihn neben sich und kann mit ihm gehen. Die Christus-Kraft, die sein Schicksal mit trägt, fühlt er als innere Erfüllung, und diese Erkenntnis kann ihn so öffnen, dass er vertrauensvoll über sich sprechen kann. Er muss weder etwas verbergen noch etwas beschönigen, denn Christus durchschaut sein Wesen. Das ist der Beginn einer Antwort: Das Vergangene wird mit getragen.

Aus der Bejahung hat das Sakrament seinen Namen erhalten. »Beichte« kommt von bejahen – bejeihen, dem Sich-Bekennen.

Der Priester ist der zweite Teilnehmer des Gespräches, seine Teil-Nahme ist zunächst das Zuhören. Aus seiner Verbindung mit dem Christus öffnet er sich dem Sprechenden und horcht auf das, was aus dem Christus im anderen mitschwingt. Dann nimmt er den Christus mit herein in das Gespräch, und es kommt zu einer Begegnung von Christus in dem einen zu Christus in dem anderen, das heißt von Ich zu Ich. Daraus können Antworten entstehen. Nun geht es nie darum, Schulden wegzunehmen oder zu erlassen, denn damit würde dem Menschen ein Teil seines Schicksals genommen. Die Antwort ist auf eine zukünftige Perspektive gerichtet. Das »Sündige nicht mehr« bekommt eine aktive Seite. »Lerne«, sagt Christus zu den Menschen. Lerne, erweitere dein Bisheriges, nimm Neues hinzu. Das Lernen kann uns niemand abnehmen, wir können es nur selbst tun, können, wenn wir aufmerksam sind, vom Leben lernen. Dieses Lernen geschieht durch ständiges Üben, aus Willensanstrengung und intensiver Bemühung, bis etwas über die Gewohnheit zur Fähigkeit wird. Wir können uns im Lernen Wissen, Fähigkeiten und auch Lebenserfahrung aneignen.

So kann es auch unser Ziel sein, zu lernen, mit Christus zu leben, unsere Seele in ständig neuer Hingabe an ihn mit ihm zu verbinden. Von verschiedenen Seiten der Seele her öffnen wir uns ihm. In unserem Denken haben wir die Gewohnheit, schnell zu urteilen und etwas mit Begriffen festzulegen. Wir haben gesehen, wie die Beurteilung eines Menschen sowohl Beurteilenden als auch Urteilenden unfrei macht. Es gibt aber auch ein Denken, das so beweglich ist, dass es eine Situation im Augenblick neu fassen kann, ohne Vorurteil. Dies lässt sich auch in Bezug auf Geschehenes, Vergangenes praktizieren – und wenn es aus der Sache heraus und nicht aus eigener Meinung geschieht, hat es eine befreiende Wirkung. Das Geistige im Augenblick bewusst in das tätige Denken aufzunehmen, führt zu einer Öffnung für die Gegenwart des Christus.

Mit Christus fühlen lernen – da wenden wir uns allen Wesen der Welt zu. In selbstloser Hingabe stärken wir die Liebe. »Meine Liebe ist groß wie die weite Welt«, sagt Christian Morgenstern. Die Seele wird weit und groß mit Christus, der selbst in der Liebe lebt, im Hass dagegen fühlen wir nur uns selbst.

Unseren Willen erleben wir oft dann, wenn er uns fehlt, wenn er zu schwach ist, etwas zu ergreifen, und wir deshalb manches einfach geschehen lassen. Oder er tritt auf, wenn wir zu viel wollen, unseren Eigenwillen durchsetzen müssen und so selbstloses Handeln verhindern. Eine Änderung unseres Verhaltens wirklich zu wollen, ist schwer, denn wir fühlen uns manchmal sogar wohl in unserer Schwäche. Es ist viel leichter, so zu bleiben, wie wir sind. Damit aber haben wir keine Zukunft mehr. Nur wenn wir Entwicklung wollen, beginnen wir, »aus Christus« zu handeln.

Der Priester ist ebenso ein Lernender wie jeder andere Mensch, jedes Gespräch bringt auch ihn an seine Grenzen, und er ist bemüht, sich mit dem Sprechenden für Christus zu öffnen, damit er anwesend sein kann. Die Menschenweihehandlung führt uns alle, jeden Einzelnen und alle gemeinsam, zu dem Opfer unserer Seelenkräfte, denn in der Hingabe an Christus lösen wir sie aus ihrer Gebundenheit an unseren Egoismus. »Er lebe in unseren Gedanken«, sagen wir, und das heißt, dass wir unser Denken mit den Inhalten seines Wesens und seiner Taten erfüllen bis zu dem Punkt, an dem »Er in uns denkt«. Unser Fühlen eint sich mit ihm in der »wesenschaffenden Liebe«, seinem neuen Gebot, über das wir gesprochen haben. Und er, der »die Willen stärkt«, lebt in uns in allem Bemühen, wie wir es im Gebet für uns und in der Gemeinsamkeit der Weihehandlung üben können.

Aus dem Opfer unserer Seelenkräfte lernen wir, mit dem zu leben, was sich »der Sünde Last entringt«. Wir leben selbst die Antwort Christi, sie muss nicht in Worten ausgesprochen werden. Das Beichtsakrament verbindet uns mit seinem Wesen, dem es nicht darum geht, Probleme zu lösen, sondern die Kraft zu geben, bewusst mit den Fragen zu leben, damit sie sich wandeln. Er macht uns fähig für unser Schicksal mit all seinen Schwierigkeiten. Er stärkt den Menschen in seiner Selbstständigkeit, sodass dieser sein Leben immer mehr aus seinem gestärkten Ich heraus führen kann.

Manches im Leben kann sich nicht wandeln, denn es lässt sich ja nicht alles Geschehene rückgängig machen. Auf die Folgen können wir jedoch Einfluss nehmen. Häufig belasten uns Dinge, an denen wir nichts mehr ändern können, so sehr, dass wir es nicht zu tragen vermögen. Da dürfen wir im Sakrament erfahren, dass Christus auf sich nimmt, was uns allein zu schwer wird. Er schreibt es sich selbst ein, und indem er die Sünden der Welt trägt, dürfen wir den Trost empfangen. Als Herr des Schicksals nimmt er von jedem einzelnen Menschen die bösen Taten für die Zukunft auf, wo sie durch seine tragende Gnadekraft durchchristet sind. Und außer dieser Stärkung im Gegenwärtigen trägt er auch bereits das, was wir noch nicht vermögen. Er bereitet schon vor, wofür wir erst heranreifen müssen. Er lebt in unserer Zukunft.

XI Die verwandelnde Kraft
   des Verzeihens

Haben wir die helfende Seite eines Gespräches erfahren, die uns
mit unseren eigenen Schulden und unserem Schicksal leben lässt,
dann stärkt sich auch das Empfinden, unsererseits anderen Menschen auf diese Weise helfen zu können. Im Beichtgespräch kann
sich die Bitte um Vergebung unserer Schulden durch die Kraft, die
wir empfangen, erfüllen. Dadurch werden wir fähig, die Bedin-
gung: »wie wir vergeben unseren Schuldigern« zu erfüllen. Es
hatte sich uns gezeigt, dass wir die Verbindung mit dem Christus –
als die höhere Seite unseres Wesens – brauchen, um vergeben zu
können. Wir müssen ihn nicht gleich mit dem Namen »Christus«
benennen, er kann auch als unser Göttliches oder unser Streben
nach dem Guten und Wahren erlebt werden. Ebenso kann er unsere tiefe Menschlichkeit sein, die wir in uns tragen.

Wie wir lernen können, damit umzugehen, wollen wir jetzt
genauer betrachten. Was heißt »vergeben«? Was tun wir da eigentlich, lässt es sich erüben? Es gibt viele Beispiele, an denen
wir sehen können, wie Menschen die Vergebung leben.

Offensichtlich regt sich in diesen Menschen in dem Moment,
da ihnen etwas angetan wird, etwas, worauf sie bewusst reagieren wollen.* Hier soll das Erlebnis eines Menschen geschildert
werden, in dem eine ihm bis dahin unbekannte Kraft aufsteigt.

---

* Manche Beispiele sind von Sergej Prokofieff in seinem Buch *Die ok-
kulte Bedeutung des Verzeihens*, Verlag Freies Geistesleben, Stuttgart
³1995 beschrieben worden. Dieses Buch gibt für die ganze Thematik
des Verzeihens einen weiten Hintergrund.

Der siebzehnjährige Kim* hatte sich während der deutschen Besetzung Dänemarks im Zweiten Weltkrieg einer Widerstandsbewegung angeschlossen. Er wurde verhaftet, zum Verhör gebracht und war sich bewusst, dass alle Mitglieder der Gruppe gefoltert würden. Als er den verhörenden Soldaten gegenüberstand, tauchte in ihm die Frage auf: Wie habt ihr als Kinder gelebt? Das Menschliche des anderen, die Frage: »Wer bist du?« wurde ihm wichtig. Und plötzlich hatte er keine Angst mehr, sondern fühlte Mitleid mit denen, die ihn jetzt schlugen. Als er bewusstlos wurde, hatte er Erlebnisse, die er später beschreiben konnte: Er sah sich von außen, sah auf seinen Leib herab, der auf dem Boden lag, und neben ihm stand »Jesus«. In den Tagen darauf begann er in seiner Zelle im Evangelium zu lesen. Er fand Christus als seinen Helfer, und als man ihn zum Tode verurteilte, regte sich keinerlei Hass in ihm. In den Abschiedsbriefen an seine Mutter und seine Freundin bat er sie, »das rein menschliche Ideal zu verwirklichen«. Das waren die Worte, die er für dieses höchste Erleben finden konnte: Jesus als »der Mensch«. Er lebte die Verzeihung, ohne den Begriff zu nennen, und war dadurch offen für die Begegnung mit Christus, der ihn stärkte. Es ist diese starke Seelenkraft, aus der heraus wir miteinander leben können.

Wir verwenden im Deutschen zwei Worte für dieses aktive Verhalten: Wir sagen »Verzeihen« oder »Vergeben« (siehe auch Prokofieff) und meinen damit zwei verschiedene Seiten dieses Prozesses. Im alltäglichen Leben, wenn wir jemanden, vielleicht aus Versehen, angestoßen haben oder ihm »auf den Fuß getreten« sind, sagen wir leicht »Entschuldigung« oder »Verzeihung«. Oft bleibt dies aber eine Phrase, bei der wir uns nicht viel denken. Wollen wir wirklich verzeihen, kann das nur bewusst geschehen, denn das Wort hängt mit »verzichten« zusammen. Worauf verzichten wir? Wir lassen bewusst etwas los, verzichten zum Beispiel auf ein Stück Brot, damit ein Hungernder es be-

---

* *Kim, Auszüge aus Tagebuch und Briefen*, herausgegeben von Vibeke Malthe-Bruun, Verlag Ernst Reinhardt, 1949.

kommt. Geben wir aus einem Überfluss, ist es kein Verzicht, sondern erst dann, wenn wir auch selbst hungrig sind, selbst etwas benötigen, was wir dann nicht in Anspruch nehmen. Auch solange wir denken: »Hätte ich doch selbst etwas zu essen!«, ist es noch kein voller Verzicht. Wir haben noch nicht ganz losgelassen. Ein Verzicht muss innerlich geleistet werden.

Das gilt auch für das Verzeihen. Ich verzichte darauf, dem anderen etwas nachzutragen. Er hat mich verletzt, aber bewusst halte ich nicht an der Erinnerung daran fest. Das ist mehr, als es zu vergessen oder einfach beiseite zu schieben, denn ich gebe den anderen aus vollem Willen frei. Ich kann seine negativen Seiten nicht ausmerzen, dies auch gar nicht wollen. Aber durch meine verzeihende Haltung entziehe ich ihm den Boden. Er wird weiter zuschlagen, wie auch Kim bewusstlos geschlagen wurde, doch sein Hass kommt nicht mehr an. Er fällt auf den Schlagenden zurück und belastet sein Schicksal – bis es ihm eines Tages bewusst werden kann. Und der Geschlagene wird durch die offene Stelle, die durch den Verzicht, die Selbstlosigkeit, entsteht, eine helfende, weiterführende Kraft spüren.

Die Pharisäer, die die Ehebrecherin angeklagt hatten, haben sich aus ihrem eigenen Gewissen heraus zurückgezogen. Ob sie dabei auch wirklich auf die Gerechtigkeit durch das Gesetz verzichten, wissen wir nicht. Es bleibt offen, ob sie verzeihen können, denn es wird nicht beschrieben, was sie später tun.

Der Ruf nach Rache, der auch in unserer Zeit so laut tönt, ist das Gegenteil von Verzeihen. Da wird die eigene Genugtuung, das eigene Recht gefordert, das dann oft mit Gewalt eingeholt wird. In alten Zeiten war es berechtigt, eine Tat mit einer gleichen zu beantworten und damit auszugleichen, denn man lebte nach dem Prinzip »Auge um Auge«. Das hat sich durch die Entwicklung des Ich geändert. Da geschieht der Ausgleich im Menschen, dem Täter, selbst durch sein Schicksal. Der Geschädigte ist nicht mehr Richter, und Christus lehrt uns, auf einen Ausgleich zu verzichten und ihm selbst die Folgen zu übertragen. Im Vertrauen auf ihn lernen wir zu verzeihen.

Veronese, *Triumph der Nemesis über die Sünde*,
Öl auf Leinwand, um 1555, Venedig

Christus als Richter, Goldtafel, um 1020, Aachen

Es ist ein erster Schritt im menschlichen Miteinander: Nur durch Verzeihen können wir wirklich gemeinsam leben.

Das Wort »Vergeben« geht noch ein Stück weiter. Der Verzicht muss vorangehen, nicht etwas für sich zu wollen, sich selbst zurückzunehmen. Jetzt geht es darum, noch etwas dazu zu geben. Ver-geben ist ein großes Wort. Es meint nicht »nachgeben«, denn wenn wir nachgeben, geben wir uns selbst auf. Da vergeben wir uns etwas, was uns schwächt. Es kann allerdings auch ein bewusster Verzicht, zum Beispiel auf die eigene Meinung, sein um der Gemeinsamkeit willen. Das griechische Wort ἀφίημι für Vergeben meint mehr diese Seite des Loslassens (siehe Kapitel I). Das deutsche Wort aber betont die eigene Aktivität. »Geben« ist ein aktives Verb. Jedes Geben ist vom Wortsinn her eine freie Tat, denn ich gebe etwas, wozu ich nicht verpflichtet bin. Geliehenes Geld zurückzugeben ist selbstverständlich, ich kann aber von mir aus auch mehr geben als das, was ich schuldig bin, etwas hinzufügen. In der Bergpredigt heißt es: »Wer dir den Rock nehmen will, dem gib auch den Mantel.« (Mt. 5, 40) Das heißt: Gib mehr, als gefordert wird. Gib aus dir selbst. Unsere eigene Kraft muss groß sein, um dies zu vermögen, und wir müssen viel in uns haben, innerlich reich sein, um aus diesem Schatz geben zu können.

Wenn wir geben wollen, merken wir, wie schwer das ist. Den anderen in seinen Schwierigkeiten zu verstehen, gelingt uns vielleicht gar nicht einmal so selten. Der nächste Schritt, der Verzicht auf Vergeltung, ist auch noch manchmal, aus der intensiven Bemühung um Selbstlosigkeit, möglich. Sich einem Täter aber mit den eigenen Herzenskräften so zuzuwenden, dass dieser etwas bekommt, fällt uns nicht leicht. Sollen wir denn zum Beispiel einen Folterknecht stärken? Wäre es nicht besser, ihm Kraft zu nehmen, damit er nicht mehr so viel Böses tun kann? Auch die Frage des Petrus: »Wie oft soll ich vergeben?« geht in diese Richtung (Mt. 18, 21). Wie oft macht das Vergeben Sinn? Er bekommt zur Antwort: siebzig mal siebenmal – also ständig neu. Durch die Wiederholung senkt sich etwas in den anderen hinein, was seine gute Seite wecken kann und will. Es gibt etwas im Menschen, in jedem, auch dem schlimmsten Verbrecher, was über seinen Taten steht. Bemühen wir uns um einen Blick auf sein wahres Wesen, auf das Göttliche in ihm, denn das können wir lieben, dem können wir Liebe schenken.

In Liebe zu leben, zu allen Guten und Bösen, zu allen Wesen der Schöpfung, das hat Franz von Assisi geübt. Er wollte allen aus dem Reichtum seines Herzens geben. So bittet er in seinem Friedensgebet, dass er Liebe geben kann, wo er gehasst wird. »O Herr, mach mich zu einem Werkzeug deines Friedens: dass ich Liebe übe, wo man mich hasst; dass ich verzeihe, wo man mich beleidigt ...« In seinem Leben geht er sogar so weit, dass er die Buße für die Taten anderer auf sich nimmt. Es wird berichtet, dass jemand ihm beichtet, er habe die Fastenzeit nicht einhalten können, weil seine Essgelüste zu stark waren. Da sagt Franziskus zu ihm: Ich faste für dich.

Und so gibt es manche andere Liebestaten in der Menschheit, zum Beispiel, die Strafe eines anderen auf sich zu nehmen. So gebe ich dem anderen einen Teil seines Schicksals.

Das hat seine Wirkung für die Zukunft, denn der, der etwas Schlimmes getan hat, bekommt Kräfte, die sein Schicksal, vielleicht erst sein späteres Karma, ändern. Die Waagschale seines Lebens, in der die Seite der schlechten Taten schwer geworden ist, bekommt Gewicht für die andere, die gute Seite. Mit der Vergebung wandeln wir sein Schicksal. Eine solche Wandlung ist ein allmählicher Prozess und wird deshalb zunächst nicht sichtbar, aber wir können jedem Menschen dabei helfen. Wo wir das Wesen des anderen verstehen lernen und es dann lieben können, da spüren wir den Christus in ihm. Auch wenn es ihm selbst gar nicht bewusst ist, wird der Christus in ihm durch unsere Liebe gestärkt, wir helfen ihm, den Christus in sich zu finden. Das ist das Größte, was wir einem Menschen geben können: Vergeben ist die selbstloseste Handlung, eine Tat um des anderen willen.

Oft ist sich der Täter gar nicht dessen bewusst, was er anrichtet. »Denn sie wissen nicht, was sie tun.« (Lk. 23, 34) Wir tun selbst vieles, was andere trifft, ohne dass wir es merken, und dort, wo jemand wirklich etwas Böses will, überschaut er nicht das Ausmaß seines Handelns. – Christus sieht bei den Soldaten, die ihn kreuzigen, dass sie nicht wissen, was sie tun. Und er bittet: »Vater, vergib ihnen.« Sein Vergeben verbindet er mit dem Vater. Da sie ihre Tat nicht überschauen und sie auf Befehl, nicht aus eigenem Willen handeln, kann die Vergebungskraft größer sein. Christus gibt ihnen etwas, was sofort einen Ausgleich schafft für ihr Schicksal, und so könnte es sein, dass diese Tat für sie keine Schicksalsfolgen hat. Wie sie äußerlich weiterleben, wird nicht erwähnt.

Wenn tatsächlich eine Wandlung im Menschen eintreten soll, ist es notwendig, dass er sich seiner Taten bewusst wird, denn dann kann er am Ausgleich selbst mitarbeiten. Ein erster Schritt dazu ist, dass er sich entschuldigt, das heißt, er bereut sein Verhalten und bittet um Verzeihung. Jetzt kann der Geschädigte leichter verzeihen, weil das, was er geben kann, offener aufgenommen wird: Es entsteht eine Offenheit von beiden Seiten. Diese ermöglicht das Hereinwirken des Christus in das Schicksal, das diese beiden Menschen betrifft, und es muss nicht mehr zu vielleicht verhängnisvollen Verknüpfungen kommen, da beide Seiten für die göttliche Gnade frei sind. So werden Schicksale erlöst.

Rätselhaft bleibt noch das Wort im Matthäus-Evangelium, in dem es heißt, dass die Sünde gegen den heiligen Geist nicht vergeben werden kann (Mt. 12, 31). »Jede Abirrung und jedes feindliche Wort kann von den Menschen genommen werden, die Feindschaft aber gegen den Geist kann nicht genommen werden. Das Wort, das einer gegen den Menschensohn richtet, kann ihm vergeben werden; richtet er es aber gegen den heiligen Geist, so kann es ihm nicht vergeben werden, weder im gegenwärtigen noch im zukünftigen Zeitenkreis.« (Übersetzung Emil Bock) Im Urtext steht wieder für »vergeben« das Wort des Loslassens, Abnehmens. Es gibt also etwas im Menschenleben, was auch Christus nicht tragen kann, obwohl er doch »alle Sünde der Welt« auf sich nimmt. Sogar, was sich gegen ihn selbst richtet, kann von ihm vergeben werden. Was ist denn »Sünde gegen den heiligen Geist«? Unbewusst lehnen wir den Christus oft ab, handeln ihm zuwider und sind uns dessen nicht bewusst, dass sich jeder Egoismus schon gegen ihn wendet. Aber das wird von Christus aufgenommen, damit es sich später wandeln kann. Wo das Wesen Christi bewusst wird, wo wir ihn bewusst und bis in sein Wirken herein erkennen, da lebt er im heiligen Geist. Der heilige Geist offenbart sich im Bewusstsein, und da kann ihn der Mensch auch ablehnen. Er kann sich aus seinem bewussten Ich heraus gegen Christus stellen. Diese Abwendung kann oberflächlich bleiben, wenn wir zum Beispiel sagen, wir seien Atheisten, sich aber in unserem Handeln dennoch eine tiefe Menschlichkeit zeigt. Wir setzen uns vielleicht aus tiefem Mitgefühl für unseren Nächsten ein, das heißt, wir handeln aus Christus. Da kommt die Bezeichnung »Atheist« nicht aus der Tiefe, aus dem Ich. Das ist dann noch keine Sünde gegen den heiligen Geist. Wir können aber erleben, dass Christus mit unserem höheren Ich verbunden ist, indem er Teil unseres Ewigen, Höheren ist. Sobald wir uns aber gegen dieses Empfinden wenden, verhindern wir unsere Entwicklung, schneiden uns selbst von der Zukunft ab. Und das kann Christus nicht aufnehmen, in alle Zukunft nicht, weil wir es nicht wollen und er also gegen unsere Freiheit handeln müsste. Der Mensch muss dann erst ganz neu die Wege zu ihm suchen und sich ihm öffnen.

XII Handeln aus innerem Frieden

Jetzt können wir uns den Auftrag des Auferstandenen an die mit ihm Verbundenen noch einmal anschauen. Wir haben einen reichen Erfahrungshintergrund durch die vorangehenden Betrachtungen, die uns einen Weg vom Ursprung der Sünde als Notwendigkeit bis zu den Hilfen, sie zu überwinden, geführt haben: Hilfen aus der göttlichen Welt in den zehn Geboten bis zur Entwicklung des eigenen Gewissens; die Menschwerdung des Gottessohnes, um die Sünden zu tragen; dann die Verantwortung des Menschen für den anderen in der Gemeinschaft; und zuletzt das eigene Bemühen in Gebet und Sakrament.

Vergegenwärtigen wir uns nochmals den Osterabend. Die Jünger erleben den Auferstandenen zum ersten Mal. Sie sind ganz offen für das, was von ihm ausgeht. Als Erstes, noch bevor er sich ihnen zu erkennen gibt, segnet er sie mit seiner Friedenskraft: »Friede mit euch.« (Joh. 20, 19) Er wiederholt diesen Segen, nachdem er ihnen seine Wundmale gezeigt hat. »Friede mit euch« ist sein Gruß. Er bringt Frieden mit als seine Gabe, als Gnade – Friede hat schon die Geburt Jesu begleitet, als eine Kraft, die in die Menschheit einziehen kann: »Friede auf Erden den Menschen, die eines guten Willens sind.« (Lk. 2, 14) Sein geistiges Wesen ist Friede, darin verkörpert er sich.

Was heißt das: in Frieden leben? Wir haben ein gutes Einvernehmen mit unserer Umwelt. In Unfrieden würden wir uns voneinander abwenden und trennen, vielleicht sogar uns feindlich gegenüberstehen. Daraus kann Krieg entstehen, in dem wir uns gegenseitig bekämpfen. Schließen wir aber Frieden, verbinden wir uns. – Wir können auch Frieden mit uns selbst finden: Wo wir uns bisher in unseren Fehlern angeklagt oder mit unserem Schicksal gehadert haben, können wir jetzt einen Sinn und eine Aufgabe finden, aus der wir Kraft schöpfen. Friede ist die Fähigkeit des Auferstandenen, Erstorbenes neu zu beleben, ist gleichzeitig die Fähigkeit der neuen zweiten Schöpfung durch den Auferstandenen, in der er Getrenntes wieder verbindet. Was Gott in der ersten Schöpfung von sich abgesondert hat, bis in den Sündenfall herein, damit es selbstständig werden kann, wird durch den Auferstandenen wieder mit dem Göttlichen vereint, in Freiheit. Krieg ist die negative Folge der ersten Schöpfung, wo wir dagegen Frieden erreichen, beginnt die zweite Schöpfung für die Zukunft.

In der Menschenweihehandlung empfangen wir den Frieden, nachdem wir Brot und Wein aufgenommen haben, Leib und Blut Christi durchdringen uns, bis in den Leib hinein. Der Friede erfüllt uns im Geistig-Seelischen, und wir fühlen die Kraft Christi in uns.

Der Auferstandene überträgt den Jüngern diese Seite seines Wesens. Schon der Sünderin, die ihn gesalbt hatte, hatte er es mitgegeben: »Gehe hin mit Frieden.« (Lk. 7, 50) Bei der Ehebrecherin hieß es: »Gehe, sündige nicht mehr.« (Joh. 8, 11) Sie soll weiter an ihrer Schwäche und ihrer Vergangenheit arbeiten, um sie zu überwinden. Es wird ihr die Fähigkeit zugesprochen, einen Teil ihres Schicksals selbst aufzuarbeiten, im Gedenken ihrer eigenen Entwicklung. Die Sünderin, der schon in diesem Leben aktiv vergeben wird, kann mit dem Wesen des Christus selbst in die Zukunft leben. Sie ist reif, Vergangenes loszulassen, da sie ganz offen ist für Christus. – Mit den beiden Tätigkeiten des Behaltens und Loslassens, die der Auferstandene den Jüngern überträgt, ist er selbst schon umgegangen.

Zunächst erleben die Jünger die Kraft des Friedens in sich; sie werden zur Ausbreitung des Christus-Wesens in die Welt gesandt. Der Apostel Paulus hat die Sendung später aufgenommen und sagt es den Menschen in den Gemeinden, dass sie »im

Dahinschreiten Frieden verbreiten sollen.« (Eph. 6, 15) Der Friede des Christus, der in uns lebt, strömt von uns aus, fließt in jede Handlung und in jedes Wort. Die Jünger sollen diesen Gruß sogar direkt aussprechen, wenn sie in ein Haus einkehren: »Friede diesem Hause. Dann wird euer Friedensgruß auf ihm ruhen.« (Lk. 10, 5 - 6) Sie schaffen aus Christus, in der Verbindung mit der göttlichen Welt, Verbindung zwischen den Menschen untereinander. – Es könnte wieder eine gute Sitte werden, überall, wo wir hingehen, innerlich bewusst den Frieden auszusprechen.

Die zweite Schöpfung wird real, als Christus den Jüngern den heiligen Geist einhaucht. Bei der ersten Schöpfung wurde den Menschen von Gott der lebendige Atem eingeblasen, das Leben selbst, das Leben in Gott. Nach der Sonderung durch den Sündenfall muss es ein neues Leben sein, das bewusst vom Menschen ergriffen wird, denn das Wesen des Auferstandenen in uns will bewusst werden. Es wird geweckt durch den heiligen Geist, und dieses Geistwesen hat Christus schon in den Abschiedsreden angekündigt. »Der Geist der Wahrheit und der Erkenntnis wird für mich zeugen.« (Joh. 15, 26) Nach der Auferstehung, da die Jünger den Christus nicht mehr leiblich bei sich haben, sondern ihn innerlich-geistig real erleben, können sie diese Geistseite erfassen, und sie beginnen, die Auferstehung zu verstehen. Das ist schon ein Pfingsterleben an diesem Osterabend.

Aus dem Verstehen heraus können sie Zeugen werden. »Auch ihr werdet meine Zeugen sein.« (Joh. 15, 27) Diese Zeugenschaft der Jünger geht nun über die Verkündigung hinaus: Nach der Vorbereitung, die sie durchlebt haben, und auch nach den einzelnen Schritten des Osterabends kann der eigentliche Auftrag, durch den sie zeugen sollen, ausgesprochen werden. Aus dem Auferstandenen, durch den heiligen Geist, entsteht die Fähigkeit, mit den Schicksalen anderer Menschen geistig umzugehen: dem einen, der sich durch sein unrechtes Verhalten an etwas ihn Hemmendes gebunden hat, Verstehen und Liebe zu geben, durch die er wieder frei werden kann, um neu zu beginnen; dem anderen die Kraft zuzusprechen, durch die er zum

Beispiel sich selbst entschuldigen und seine Tat verarbeiten kann. Die Jünger unterscheiden aus dem Bewusstsein des heiligen Geistes – und nur aus dem heiligen Geist, dem Geist der Wahrheit, ist es möglich.

Jeder Einzelne erfasst ihn im eigenen Ich, in eigener Verantwortung. Aber gleichzeitig weiß er sich verbunden mit den anderen »Jüngern«. Für sich allein könnte er die Aufgabe nicht tragen, denn für einen einzelnen Menschen ist sie zu groß. Nur die Gemeinschaft gibt den Hintergrund, die Rückendeckung im Geistigen sowie die notwendige Kraft. Dann sind wir Christen und in der Gemeinschaft der Christen diejenigen, die für andere einstehen, sie stärken und ihnen aktiv aus ihrer eigenen Christus-Kraft geben können, wie wir es beschrieben haben.

Das Erreichen dieses Auftrages liegt noch in der Zukunft. Wir können ihn noch nicht verwirklichen, sonst gäbe es heute nicht so viel unbewältigte Schuld. Das Anhäufen immer neuer Verbrechen, aus eigenem oder aus Gruppen-Egoismus, zieht immer noch »Vergeltung« nach sich und reißt dadurch die Menschen tiefer in die Absonderung herein. Umso wichtiger ist es, in kleinen Schritten im eigenen Umkreis die Vergebungskraft zu üben. Wenn wir die erschütternden Nachrichten hören, wie Unfrieden und Hass sich breit machen, können wir versuchen, weder die eine noch die andere Seite anzuklagen; wir dürfen aber auch nicht resignieren, da wir ja vermeintlich nichts tun können; sondern sollen mit der ganzen Kraft unseres Herzens lieben, wo wir nur Liebe geben können. Die Liebe trägt – und die Liebe vergibt.

Fassen wir noch einmal zusammen: Christus ist Mensch geworden, um die Sünden zu heilen. Sind wir mit ihm verbunden, setzen wir den Auftrag, den er selbst vom Vater bekommen hat, fort: »So sende ich euch, wie der Vater mich gesandt hat.« Heilung geschieht durch die Vergebung, Sündenkrankheit wird geheilt, und der heilende Geist, der aus dem Auferstandenen wirkt, steht uns bei. Jeder Mensch, der sich aufgerufen fühlt, darf an dieser großen Aufgabe für die Menschheit teilhaben. Es wird zu uns gesprochen: Wenn ihr sein Vergehen vergebt, indem ihr Liebe gebt und den anderen tragen könnt, sind ihm seine Sünden vergeben: Sein Schicksalsausgleich wird von der göttlichen Welt verwandelt. Und wem ihr die Kraft zusprecht, selbst an sich zu arbeiten aus seiner Verbindung mit Christus, der wird für seinen bewussten Umgang mit dem Schicksal gestärkt.

Das ist die priesterliche Seite des Menschen. Ebenso hat aber jeder teil an der Verstrickung in Schuld und an ihrer Bewältigung, die ihn nach der einen oder anderen Seite betrifft: Für manches hat er die Möglichkeit, etwas Geschehenes selbst zu ergreifen und zu tragen, für andere Situationen mag es nicht möglich sein. So können wir sagen: Ein Teil von uns wird getragen von dem Sündenheiler, an einem anderen Teil können wir bereits selbst etwas tun. Der Auferstandene lebt mit uns als der Heilende und Stärkende. Indem wir selbst Sündenvergebung erfahren, können wir anderen Menschen aus dieser Kraft helfen.

Wir haben gesehen, dass das Motiv der Sündenvergebung zu den wichtigsten in der Menschheit gehört, wenn es uns ein Anliegen ist, dass die Entwicklung weitergehen kann.

Die Autorin

Edelgard Vietor (* 1931 in Kassel) ist Priesterin der Christengemeinschaft in Köln, wo sie seit 1958 tätig ist. Sie veranstaltet
regelmäßig Seminare und Tagungen zu unterschiedlichen religiösen und sozialen Themen.

Baruch Luke Urieli

Empathie
Das Erwachen
am anderen Menschen

104 Seiten, kart.

Wie kann im 21. Jahrhundert das Verhältnis von Mensch zu
Mensch erneuert werden?
In unserer Zeit des wachsenden Individualismus besteht ein be-
sonderes Bedürfnis, dem Gegenüber neu zu begegnen. Baruch
Luke Urieli bietet Möglichkeiten an, den anderen Menschen –
und damit auch sich selbst – besser kennen zu lernen.

URACHHAUS